道与思
系列

巴特与莫尔特曼管窥

SIX STUDIES IN THE THEOLOGY OF KARL BARTH AND JÜRGEN MOLTMANN

洪 亮 著

上海三联书店

谨以本书铭记

刘秀英（1929–1998）

Ingeborg Wilhelmine Anna Reinhart（1929–2020）

推荐序

　　洪亮教授希望我能为其专著《巴特与莫尔特曼管窥》撰写序言，这给我提供了一个重新研习和思考巴特与莫尔特曼思想的机会，故而非常乐意。在过去近二十年中，我自己的研究更多转向了中国问题和宗教学基本理论，洪亮教授的这一邀请，带给我在学术兴趣上蓦然回首之感，唤醒了自己在基督宗教思想探索上的种种思绪。在我们的研究领域，洪亮作为潜力巨大的青年才俊正在脱颖而出，我自己近些年来在其身上也学到了不少知识，其新近发表的相关论著，对我而言真的是耳目一新，颇长见识。每次与洪亮交流都能获得一些新的发现，捕捉到不少学术亮点，故对这位后起之秀极为敬佩。在惊喜之余，不禁觉得这些弘扬学术开拓精神的亮点、热点之呈现，显然与其姓名亦好似巧有对应。

　　因为时代的关联及学术的贴近，我虽然没能与巴特有直接交往，对其思想却留有深刻印象。巴特去世十年之后，我自

1978年开始作为专业研究生探究基督宗教思想，而按照导师的规划基本上侧重于当代基督宗教思想发展的研究。因此，我的主要精力是对二十世纪基督宗教思想名家展开比较系统的研讨。这样，我在学习中首先接触的就是巴特的神学思想。从基督宗教神学思想的发展轨迹来看，巴特是二十世纪基督新教神学发展的开创者，他不像之前那些神学思想家有着新旧时代过渡的明显痕迹，而是很快摆脱自由派神学（Liberal Theology）影响，直面二十世纪以降所带来的社会问题及其严峻局面，故此以"危机神学"（theology of crisis）亮相西方当代神学思想界，开创了其理论发展的全新时代。巴特的理论被西方思想家称为"人类思想史上又一次哥白尼式转折"，人们也公认"二十世纪神学乃随着巴特而开始"。甚至巴特本人都未曾料到自己的思考会有如此巨大的影响，故曾比喻说自己"就像在黑暗的教堂塔楼中……企图摸到栏杆以稳定自身，不料却抓住了钟绳"，而在"惊恐之中突然听到巨钟在头顶轰鸣"，并随之身不由己地陷入"这钟声已四处飞传"之境。巴特神学开拓的代表作即是其《〈罗马书〉释义》，尤其是此书第二版。对此，洪亮在本书中有详尽阐述。

莫尔特曼教授则是我有过近距离接触的当代德国思想家之一，他的"盼望神学"曾引起我种种思考和心情激动。记得我在二十世纪八十年代留学德国慕尼黑大学期间，曾在初次访问图宾根时非常冒昧地打通了莫尔特曼家的电话。没想到他非常热情地接待了我这样一个来自中国的年轻学生，并让我到他家颇为独特的东亚书屋聊天交流。此后，我在北京又见过他两次，并在清华大学对他的主旨发言做了相关评述和回应。此外，在我的博士研究生中，也有人专门研究莫尔特曼的神学，重点探究了其盼望神学及其朝向未来的终末论，并出版过专著，比如《十字架上的盼望——莫尔特曼神学的辩证解读》（杨华明，2010年），等等。

可以说，巴特和莫尔特曼的思想在二十世纪基督新教神学发展中是极为突出的。其共有特色是通过审视社会处境而以对"实践神学"（特别是"政治神学"）的"透视"来切入其时代的神学讨论，发展其全新理论，故而突出了其社会关切和现实关切。他们进而在深思熟虑后推出各自的"哲学神学"及"教义神学"构设，以完成其创设全新理论体系的使命。他们都是以基督宗教的理解来关注人类，对之在俗世内担心其永远沉沦，于信仰中希望其绝处逢生。不过，两人的不同也很明显。巴特是站在"山雨欲来风满楼"的二十世纪神学巨变之始，故有着先知般的前瞻。而莫尔特曼则经历了二十世纪的终结，积累了风起云涌、波谲云诡的丰富经验，并对人类二十一世纪的发展持有极为冷静的态度。莫尔特曼表达了其神学认知的激情，却是一种担忧人类命运的悲情，反映出智者愤世嫉俗、众醉独醒的洞观。这两位思想巨人各自站在二十世纪神学思想发展的首尾，以对危机到来的警示开始，用对俗世处境糟糕的感叹结束，仅留下对终末意味深长的盼望，让人们在黑暗中还能够依稀看到一抹微光。

洪亮教授是莫尔特曼的高足，曾在莫尔特曼指导下撰写博士论文，经过八年努力以优异成绩完成学业，因而是莫尔特曼非常得意的关门弟子。洪亮的博士论文选题是根据莫尔特曼的建议研究巴特，按其表述即"与莫尔特曼一起研究巴特"。莫尔特曼同意洪亮集中研究巴特对陀思妥耶夫斯基的理解和接受，结果如洪亮自喻的，使之"误打误撞走进了巴特研究这个领域，也因此得以见识莫尔特曼与这位大师之间的复杂关系"。可以说，洪亮教授在中国学者中属于最为走近莫尔特曼的专家，曾长期受到莫尔特曼教授睿智思想和研究方法的熏染，故而对巴特和莫尔特曼都有比较深入的了解。所以，洪亮教授这里呈现的著作虽然仅是其对巴特与莫尔特曼的"管窥"，却实际反映出其在相关领域的广泛涉猎和认真琢磨，触及二十世纪基督宗教神学构思的终末论、人论、生命观、罪恶观，以及痛苦、死亡、拯救、超越等命题，其视野之广、认识之深、眼光之犀利、理解之透彻，都充分彰显出其学术功力。

在巴特和莫尔特曼的现实关切与神学思考之间，充满具有辩证意义的张力。对此，如果人们把握不好，就很容易造成社会政治考量与神学形而上学的脱节。于此，洪亮教授敏锐地指出，他们的神学探究既意识到"教会并不独立于社会文化语境之外"，又表示信者不能"只看到了紊乱的现实生活和社会问题本身"，而必须突出强调基督教信仰"位于彼岸的焦点"，故而需要保持一种"神性深度"。反之亦然，"对上帝的思想"则应"着眼于生活""立足于充满变动与危机的生活世界"来"真确地反映生活"。于此，基督宗教神学虽然志在仰望星空，寻求彼岸及超然意义，其立足点却在于人本身及其生存处境，这也恰恰是宗教及其神学的奥秘之所在。

　　洪亮教授对巴特与莫尔特曼的管窥和解读，有着丰富的思想意义和学术价值。这一切并非玄谈，而是折射出深深的现实之忧，盼望着人间关爱。人类世界在俗世中轮回，在寻求拯救中挣扎，由此形成了永恒的张力。在现实与神圣之间的思考中，巴特代表着二十世纪基督新教神学新思潮的真正涌现，而莫尔特曼则代表着二十世纪这一神学波涌浪击的基本终结。这一始一终见证了二十世纪基督新教思想最重要的发展，其特点就是既与现实问题紧密结合，有着典型的当下关切，又有其系统理论的建构，以呈现其理论的整全和思想的深邃。他们二人都清楚地知道，存在立于当下，信仰朝向未来。我们在世界的存在乃一种"此在"（*Dasein*），不可能摆脱命运之轮。但对之抗争从未停息，却也鲜见完胜的范例。今天的世界同样令人沮丧，地上仍然没有平安。面对复杂多元、战火四起的现实存在，我们不断面对危险，体验危机。故此，反思二十世纪这两位思想大师的警言，我们还是难有信心，只能期盼。

卓新平

书于 2023 年 10 月 26 日

序 言
卡尔·巴特与尤根·莫尔特曼

就神学而言，我是从巴特主义者那里成长起来的。1948 年，我从战俘营获释返乡，认识了特劳布（Helmut Traub）。他和巴特（Karl Barth）相识多年，是巴特的学生，也是他的朋友。特劳布在我的家乡教授神学，由于他认识沃尔夫（Ernst Wolf）教授，我得以在 1948 年秋前往哥廷根求学。在哥廷根，我结识了"路德宗巴特主义者"伊万德（Hans-Joachim Iwand）和沃尔夫，被他们深深吸引。在德国加尔文宗的巴特主义者韦伯（Otto Weber）那里，我拿到了博士学位，他曾写过一本简短的导论[1]，介绍卷数不断增加的《教会教义学》（*Die Kirchliche Dogmatik*）。有人说，黑格尔（G. W. F. Hegel）之后再无哲学，我那时也觉得，巴特就是基督教神学的终结，于是就把关注点转移到十七

---

1. Otto Weber, *Karl Barths Kirchliche Dogmatik：Ein einführender Bericht*, 8. Aufl. （Neukirchen-Vluyn：Neukirchnener Verlag, 1977）。——译者注（本序言由本书作者洪亮翻译，其中注释若无特别说明，皆为洪亮所注，以下不再注明。）

世纪的神学史上了。

还在修读神学的时候，特劳布有一次把我带到巴特在巴塞尔的寓所。我进到他的书房，见到了格吕内瓦尔德（Matthias Grünewald）那幅关于被钉者的名画，悬挂在他书桌的正前方，画中施洗者约翰站在十字架下，用长长的手指指向基督。巴特解释说，他的《教会教义学》其实就是施洗者约翰指向基督的指尖。最后，巴特打开他的《〈罗马书〉释义》（Der Römerbrief，1922），让我看扉页里的题词："卡尔·巴特致他亲爱的卡尔·巴特"，接下来是引用一段很长的路德（Martin Luther）名言，我只能大略复述：当你对你的神学感到得意，那就拉拉你的耳朵，它们是驴耳朵。除此之外，我记不得和巴特谈过什么了，那个时候对他来说，我还不是谈话的对象。

一、神学的基本处境

路德一生中时刻感到身陷试炼与斗争，他将之应用到对信仰处境的理解上。信徒处于争战之中，这是上帝和魔鬼的争战，基督和敌基督的争战，试探和慰藉的争战。他创作的宗教改革圣诗是一首战斗之歌："我们的上帝是一座坚固堡垒……邪恶宿敌祂不轻忽……义人为我们争战……祂叫耶稣基督，万军之主……即便世界遍布魔鬼，我们也必将成功……国度必为我们留存。"就个人层面而言，每一天也意味着一次与恶的争战，因此路德的晨祷中有一句名言："邪恶宿敌无权掌控我。"

在巴特这里，神学的基本处境完全不同：一切都被对上帝的确信所贯穿。他九千余页的《教会教义学》可以用《约

翰福音》里耶稣在十字架上的话来概括："成了。"（约 19：30）
"一切都甚好"，一本出版于 2018 年的关于巴特神学的书[2] 以
此为标题，一位路德宗神学家[3] 对他的批评也正在于此。对上
帝的确信，这是巴特针对阿多诺（Theodor W. Adorno）那句
著名的负面格言的解毒剂："谬误之中没有真正的生活。"[4] "上
帝在掌权"[5]，据说这是他在弥留之际对朋友图爱森（Eduard
Thurneysen）说的最后一句话。巴特喜欢莫扎特（Wolfgang
Amadeus Mozart）的音乐，它契合《教会教义学》颂赞性的风
格。世界不需要被拯救，它已被拯救，"在基督之中"，最关键
的是，基督已在那里。

　　在莫尔特曼这里，神学的基本处境又是另外一种。先知性
的应许盈余（prophetischer Verheißungsüberschuss）超越了耶
稣基督的来临：《但以理书》描述了人子的人性国度；《以赛亚
书》揭示了新天新地，上帝的荣耀如旭日东升，驱走黑暗。基
督不是这些应许的实现，而是对它们的神性确认以及面向整个
人类的普遍化（林后 1：20）。既有尘世的耶稣与"临近的上帝
国度"相关的历史，也有复活的基督与国度"来临"相关的历
史。历史的记忆和终末历史的盼望把《盼望神学》（Theologie
der Hoffnung）和《教会教义学》以及路德关于信仰的争战学说

---

2. 这里指 Ralf Frisch，*Alles gut：Warum Karl Barths Theologie ihre beste Zeit noch vor
sich hat*（Zürich：Theologischer Verlag，2018）。

3. 莫尔特曼在此没有具体指出这位路德宗神学家的名字。

4. 参 Theodor W. Adorno，*Minima moralia：Reflexionen aus dem beschädigten Leben*
（Frankfurt a. Main：Suhrkamp，1997），43。

5. Karl Barth，*Gespräche 1964–1968*，ed. Eberhard Busch（Zürich：Theologischer
Verlag，1997），562.

区别开来。莫尔特曼喜欢贝多芬（Ludwig van Beethoven）的音乐，这符合他思想中的先知性风格。

二、细节问题

谈谈巴特和我在三一论以及创造论上的区别，在这两论上，我以他为导向，但走上了不同的路。巴特的《教会教义学》就是从三一论开始的，我也是。但巴特用三一论来巩固上帝的主权（*Souveränität Gottes*）：三一论的根源是上帝自我启示为"主"（《教会教义学》第一卷第一部分，第68、321页）。[6] 三个位格之间的统一落实为这样一种下位秩序（*Unterordnung*）：上帝是启示者（*Offenbarer*）、启示（*Offenbarung*）与启示的显明（*Offenbarsein*），[7] 上帝的自我启示是祂在耶稣基督之中的"与我们同在"，在父、子、灵不同的"存在方式"（*Seinsweisen*）中是同一个上帝。巴特用统治概念（*Herrschaftsbegriff*）来界定上帝的统一性概念，这是巴特独一统治式的三一论（*monarchische Trinitätslehre*）。

----

6. 原文如此，实际出处参 Karl Barth, *Die Kirchliche Dogmatik*, I.1, 6. Aufl.（Zollikon-Zürich：Evangelischer Verlag AG, 1952），323。

7. 在日常德语中，*offenbar* 的意思就是指某个事态清晰明显，在宗教类的引申意义中，*offenbar* 可以指神祇的显现。对巴特而言（尤其按照《教会教义学》第一卷第一部分第八章的阐述），*Offenbarer* 和 *Offenbarung* 在三一论意义上分别对应父与子，而 *Offenbarsein* 则对应圣灵。需要指出的是，巴特赋予了 *Offenbarsein* 以特定内涵，尤其是上帝把祂的自我启示给予了人，人成为启示的接受者（*Zuteilwerden*），正是在这个意义上，他把 *Offenbarsein* 视为整个启示概念中所蕴含的呼召（*Berufung*）环节，经由这个环节，上帝主动在真实的历史时空中与人建立起具体的关系（*Beziehung*）。*Offenbarsein* 的意义重点并非英译 Revealedness 中客体（object）意义上"被启示出来的"某种东西，而是指人被给予启示，并因此能够用自己原本无力把握上帝的有限经验以及概念去追寻祂，并对祂作出应答，在巴特看来，这涉及上帝与人之间关系的确立。把 *Offenbarsein* 翻译为"启示的显明"也是挂一漏万的译法，难以体现它原本的关系性内涵。参 Barth, *Die Kirchliche Dogmatik*, I.1, 6. Aufl., 342-352。

我的"神学系统论述"系列也从三一论开始,但它是一种"社会三一论"(《三一与上帝国》[*Trinität und Reich Gottes*],1980)。巴特从上出发,我则从下出发:当我们把基督的历史解读为上帝与我们的历史,三一论就出现了。在透过信仰与基督建立的团契里,耶稣基督的父成为我们的父,临到耶稣的灵成为我们的生命力。我们在与"头生子"的团契里成为上帝的儿女。神性的三个位格构建了基督的上帝历史,我从这个"三"出发,把上帝的"一"界定为神性位格之间的"协和一致"(*Einigkeit*),并使用了古代教会的"互渗互寓"(*perichoresis*)这个概念,就像《约翰福音》17:21里所讲:"使他们都合而为一。正如你父在我里面,我在你里面,使他们也在我们里面,叫世人可以信你差了我来。"保罗和约翰分别使用了"在他之在"(*In-Anderem-sein*)和"彼此内在"(*gegenseitiges In-sein*)的论述形态,这意味着给出空间或寓居。这就是互渗互寓式的三一论:父在子和灵中,子在父和灵中,灵在父和子中。它们通过相互寓居构建三一,三一的协和一致充满邀请性和敞开性:"你们要住在我里面。"基督团契的统一蕴含在上帝三一的形象(*imago*)之中,创造团契的统一包含三一的痕迹(*vestigia*):共生(*Symbiose*)是生命的原则。

巴特的创造论(《教会教义学》第三卷第一至四部分)预设了创造和盟约的二元:"创造是盟约的外在基础,盟约是创造的内在基础。"神学传统上则是从自然、恩典和荣耀的三元出发。我在自己的创造论(《创造中的上帝》[*Gott in der Schöpfung*],1985)里接续这个传统,并引入了巴特所缺少的历史概念:创造的历史和人的盟约历史通向上帝国度，创造获得新天新地、与以色列的盟约和在基督中新的盟约是对上帝荣耀国度的历史性先行把握（*Antizipationen*）。

巴特的独一统治式三一论为他的等级式创造秩序提供了模板：天与地、灵魂与身体、男人与女人。在上帝的内在生命中有前秩序（*Vorordnung*）和后秩序（*Nachordnung*）、诫命与顺服；巴特强调"发布命令的父和顺服的子"，人成为一个"前行的灵魂和一个尾随的身体"[8]；灵魂统治，身体被统治。巴特对心身医学（*psychosomatische Medizin*）是有了解的，也知道心身的交互影响，但他受到自己神学体系的制约。我使用的是"人的形象"（*Gestalt des Menschen*）这个概念。从内在来看，一个人的整体形象被心身之间的交互影响所塑造；从外在来看，它又被与社会、生态和历史环境之间的交互影响所塑造。生命历程中的经验也影响着一个人的形象。

这一点在巴特对男人和女人的界定上体现得更加明显："男人在上，女人在下，男人是 A，女人是 B，男人统治，女人服务。"[9]巴特对此其实应该有更好的认识。1934 年，巴特在和亨瑞特（Henriette Visser't Hooft）的通信[10]中谈到这个问题，亨瑞特的丈夫多年担任日内瓦普世委员会主席。巴特认为，亨瑞特

8. 比较 Karl Barth, *Die Kirchliche Dogmatik*, III.2, 2. Aufl.（Zollikon-Zürich: Evangelischer Verlag AG, 1959），513。

9. 此句非引文，而是莫尔特曼对巴特性别观的概括，参 Barth, *Die Kirchliche Dogmatik*, III.2, 2.Aufl., 344ff。

10. Thomas Herwig, ed., *Karl Barth-Willem Adolf Visser't Hooft, Briefwechsel 1930-1968: einschließlich des Briefwechsels von Henriette Visser't Hooft mit Karl Barth und Charlotte von Kirschbaum*（Zürich: Theologischer Verlag, 2006）.

是一个有自我意识的女性，是一位女性主义神学家。亨瑞特问巴特：“难道基督不是解放了我们，以至于现在每一个人，无论男女，都直接面对上帝？”[11] 巴特回答道：“上帝和人之间没有平等的交互性，只有上帝对人的优势（Superiority）。”[12] 整本圣经的实质性前提是“不把母系统治，而把父系统治立为规约男性和女性关系的尘世秩序”[13]，上帝安排“基督是男性，并作为男性来确证亚当的优势”[14]。亨瑞特的回答是：“除了优势之外，还有另外一种截然不同的东西，就是爱。爱不知道优势和劣势（Inferiorität）。”[15] 在这封信的结尾，她写道：“我反对女性没有自己的头，反对男性没有自己的身子。”[16]

我的妻子和我都认为，不是优势或劣势，而是交互性才使女性和男性的人性生命得以绽放，所以我们合作写了如下书籍：《作为女人和男人去谈论上帝》（Als Frau und Mann von Gott reden，1991），此书的英译本名为 God-His and Hers（1991）；《为了上帝的激情：两种声音里的神学》（Leidenschaft für Gott：Theologie in zwei Stimmen，1999），此书的英译本名为 Passion for God：Theology in Two Voices（2003）。在爱中共同的生命以及在友谊中共同的生命对应着三一上帝的生命。

---

11. 语出亨瑞特 1934 年 1 月 31 日写给巴特的信。
12. 语出巴特 1934 年 4 月 27 日写给亨瑞特的信。
13. 同上。
14. 同上。
15. 语出亨瑞特 1934 年 5 月 9 日写给巴特的信。
16. 同上。Enthauptung 的字面意义是砍头，但亨瑞特这里使用这个词，想要表达的意思是反对基督教视男性为女性的头这个传统；Entleibung 的字面意义是自杀，她使用这个词，想要表达的意思是男性不能脱离作为“身子”的女性，两者同属一体。

三、巴特论《盼望神学》

1964 年 10 月，《盼望神学》出版。我寄了一本给巴特，他很快通读全书，并在同年 11 月给一位朋友去信："值得注意的一本书：莫尔特曼，《盼望神学》。很让人兴奋和激动，因为这位年轻的作者进行了一次有力的尝试，想就福音的终末论侧面更好地呈现实事本身，而且要比巴塞尔的这个老人在《〈罗马书〉释义》和《教会教义学》中做得更好。我带着开放的态度读了这本书，但犹豫是否要追随他，因为这个新的系统化固然有其说服力，但它太美了，以至于显得不太真实。"几天之后，他在给我的来信中写道："您知道，我曾经也打算朝这个方向推进，但后来又放弃了……"巴特这里指的很可能是 1920 年，那时他不再关注布卢姆哈特（Christoph Blumhardt），不再瞻望终点，而是把上帝主权中的"起源"作为思考的起点。1922 年的《〈罗马书〉释义（第二版）》和 1919 年的《〈罗马书〉释义（第一版）》之间的差异体现了这一点。

尤根·莫尔特曼

目 录

上　编

第一章
论卡尔·巴特《〈罗马书〉释义（第二版）》的"神学百科全书性"*

一、引言：《〈罗马书〉释义（第二版）》对话结构的三个层面

在过去的十年中，针对卡尔·巴特《〈罗马书〉释义（第二版）》（*Der Römerbrief* [Zweite Fassung]）的文本校勘与研究迈入一个崭新阶段。2010 年，经过荷兰学者范德克（Cornelis van der Kooi）和托尔斯塔雅（Katja Tolstaja）的共同校勘，瑞士苏黎世神学出版社（*Theologische Verlag Zürich*）正式推出《〈罗马书〉释义（第二版）》[1] 学术考证版，位列巴特全集出版计划第四十七卷。在此前后，学界（尤其是德语学界）对这部二十

---

* 本章原刊于《汉语基督教学术论评》26（2018）：143-169。

1. Karl Barth，*Der Römerbrief*（Zweite Fassung）1922，ed. Cornelis van der Kooi and Katja Tolstaja（Zürich：Theologischer Verlag，2010）. 关于该考证版的质量以及内容特色可参洪亮：《评卡尔·巴特〈罗马书〉释义（第二版）〉2010 年最新校勘本》，载《道风：基督教文化评论》36（2012 秋）：313-326。

世纪神学经典的历史研究日益聚焦于其文本内在的对话结构[2]，与此相对应，瑞士实践神学家图爱森（Eduard Thurneysen）对《〈罗马书〉释义（第二版）》文本形成史的意义[3]及其对辩证神学运动的理论贡献[4]得到重新评估。对当前的国际辩证神学研究而言，一个基本的学术共识已经浮现，那就是《〈罗马书〉释义（第二版）》绝非一个能用"作为他者的上帝"或"人与上帝之间质的无限差异"这类教科书式的标签来涵盖的单面文本，它是一个夹杂着多重声部的多面文本，折射了魏玛共和国初期众声交错的文化特征。

可以从三个层面来理解这个多声部文本所蕴含的对话结构。首先，当时针对《〈罗马书〉释义（第一版）》出现一些书评[5]，有赞许的声音，但批评居多。巴特觉得自己被误解，要在第二版中进行澄清和回击，除了在第二版前言中集中回应[6]之外，巴特在正文中对他的批评者们进行了大量不指名道姓的影射，他的手法是首先以讽刺笔调模仿对手的学术观点，然后进行谬误推理，最后击倒对手。这种手法导致《〈罗马书〉释义（第二

2. Barth, *Der Römerbrief* (Zweite Fassung) 1922, XI–XXII.

3. Katya Tolstaya, *Kaleidoscope: F. M. Dostoevsky and Early Dialectical Theology*, trans. Anthony Runia (Leiden/Boston: Brill, 2013); Paul Brazier, *Barth and Dostoevsky: A Study of the Influence of the Russian Writer Fyodor Mikhailovich Dostoevsky on the Development of the Swiss Theologian Karl Barth, 1915–1922* (Milton Keynes/UK/Colorado Springs: Paternoster, 2007); Maike Schult, *Im Banne des Poeten: Die theologische Dostoevskij-Rezeption und ihr Literaturverständnis* (Göttingen: Vandenhoeck & Ruprech Verlag, 2012).

4. Hong Liang, *Leben vor den letzten Dingen: Die Dostojewski-Rezeption im frühen Werk von Karl Barth und Eduard Thurneysen (1915–1923)* (Neukirchen-Vluyn: Neukirchener Verlag, 2016).

5. 参《〈罗马书〉释义（第二版）》学术考证版对此的梳理：Barth, *Der Römerbrief* (Zweite Fassung) 1922, XI–XXII。

6. A. a. O., 8–22.

版）》成为展现各类流行学术观点的万花筒与哈哈镜，从当时如日中天的宗教史学派[7]到新康德主义[8]，从宗教社会主义[9]到人智学[10]，从托尔斯泰的道德哲学[11]到希腊化时期的神秘宗教[12]，从俄国激进革命[13]到无政府主义[14]，各类观点一一粉墨登场，然后一一中枪倒地。2010 年问世的《〈罗马书〉释义（第二版）》学术考证版添加了大量脚注，目的就是要澄清巴特的这些争论对象。

其次，《〈罗马书〉释义（第二版）》的草稿逐字逐句都经过图爱森的修改[15]，巴特在第二版前言中已间接提及这一点，他强调自己在写作期间与图爱森密切交流，断言任何专家都不可能分清哪些是他的思想，哪些是图爱森的思想。不过，任何事情都会留下蛛丝马迹，借助巴特档案馆里大量未发表的书信，今天已经可以澄清两者合作关系中的诸多细节，而且在一定程度上可以区分清楚哪些是巴特自己的看法，哪些是图爱森的观点。当巴特在 1920 年深秋开始写作第二版时，他在每一章写完后都会立即邮寄给图爱森，后者则负责对文稿进行把关。图爱

---

7. A. a. O., 86, 113.

8. A. a. O., 367.

9. A. a. O., 461, 678.

10. A. a. O., 18, 137.

11. A. a. O., 86–87, 577.

12. A. a. O., 570.

13. A. a. O., 269, 643.

14. A. a. O., 154, 641.

15. 巴特在创作《〈罗马书〉释义（第二版）》期间与图爱森的持续通信证实了这一点，参 Tolstaja 编辑出版的 Eduard Thurneysen, *"Das Römerbriefmanuskript habe ich gelesen"*: *Eduard Thurneysens gesammelte Briefe und Kommentare aus der Entstehungszeit von Karl Barths Römerbrief II*（*1920-1921*）（Zürich: Theologischer Verlag, 2015）。

森时常会建议巴特在正文中加入一些他所构思的文段，巴特对这些文段进行微量修改，然后直接移用，[16] 直至 1921 年初秋完稿。与此同时，图爱森正在写一本关于俄国作家陀思妥耶夫斯基的书，他把《〈罗马书〉释义（第二版）》中自己非常欣赏的一些观点放进自己的书里，这本书在 1921 年 7 月正式出版之后，巴特反复读过多遍，十分重视。《〈罗马书〉释义（第二版）》中的一些重要文段以及概念，比如"生命"（*Leben*）这个概念，就是在回应这本名为《陀思妥耶夫斯基》[17] 的著作，图爱森这本书吸收了不少巴特此时的思想成果，但它反过来又启发了巴特对自己的观点进行新的拆解和表述。可以说，两部著

---

16. 比如巴特诠释《罗马书》第 14 章和第 15 章时有这样一段话："我们在《罗马书》的结尾（就像在陀思妥耶夫斯基小说的结局那里）只会被重新放置在生活（也包括基督徒的生活和基督徒的团契生活！）所包含的无法看透的困境中，找不到出路，只能再次从头开始，重新审视我们关于上帝的谈论把我们逼入的困境。"原文："*Nur aufs Neue werden wir am Ausgang des Römerbriefs（wie etwa auch am Ausgang der Romane Dostojewskis）vor die undurchdringliche Problematik des Lebens（auch des christlichen und des christlichen Gemeindelebens!）gestellt, auf dass wir keinen Ausgang finden, sondern erst recht wieder von vorn eanfangen, nur immer neu die Bedrängnis sehen sollen, in die uns unser Gespräch über Gott gedrängt hat.*"见 Barth, *Der Römerbrief*（Zweite Fassung）1922, 674。在图爱森 1921 年 9 月 22 日写给巴特的信中，他给巴特的手稿提出了一个修改建议："这里有没有可能以及是否合适提一下陀思妥耶夫斯基？大致可以这样写：我们在《罗马书》的结尾（就像在陀思妥耶夫斯基小说的结局那里）只会被重新放置在生活（也包括基督徒的生活和团契生活！）所包含的无法看透的困境中，找不到出路，不得不再次从头开始，重新审视逼我们谈论上帝的困境。"原文："*Ist hier eine Erinnerung an Dostoj.〈ewski〉möglich und angezeigt? etwa so: Nur aufs neue werden wir am Ausgang des Röm.〈er〉briefes（wie etwa auch am Ausgang der Romane Dostojewskis）vor die undurchdringliche Problematik des Lebens（auch des christlichen, des Gemeindelebens!）gestellt, auf dass wir keinen Ausgang finden, sondern erst recht wieder von vorne anfangen nur immer neu die Bedrängnis sehen müssen, die uns in unser Gespräch über Gott gedrängt hat.*"见 Eduard Thurneysens Brief vom 22. September 1921（an Karl Barth）（Karl Barth Archiv. KBA）。更详细的分析可参 Hong Liang, *Leben vor den letzten Dingen*, 111-113。

17. Eduard Thurneysen, *Dostojewski*（München: Chr. Kaiser Verlag, 1921）.

作合在一起才构成 1920 年深秋至 1921 年初秋这两位神学家之间对话的完整版，才是一块完璧，《〈罗马书〉释义（第二版）》这部著作记录了两者之间的部分对话，并隐蔽地指向其姊妹篇《陀思妥耶夫斯基》。

最后，《〈罗马书〉释义（第二版）》包含了为新教神学学科体系重新奠基的思想抱负，实现的方式就是借助对保罗书信的创造性疏解与流行的释经学、系统神学和实践神学模式展开争论，试图最终彻底取代它们，建立真正的释经学、系统神学与实践神学。在新教神学内部进行跨专业对话的这种学术追求，造成了《〈罗马书〉释义（第二版）》身份的多元性。需要记住一个有趣的事实，那就是《〈罗马书〉释义（第二版）》原本是关于保罗书信的释经著作，却被当时的新约泰斗尤利歇尔（Adolf Jülicher）归为实践神学类 [18] 书籍，而它在之后的神学史编纂中又被视为系统神学的经典，这种奇特的多重身份与巴特在这本书中同时向这三个学科开炮密不可分。巴特既想释经，又想谈神学理论与实践，这种百科全书式的写作意图客观上营造出三个学科围绕保罗展开对话的思想氛围。如果把《〈罗马书〉释义（第二版）》对话特征的这三个层面叠加在一起，阅读和理解这部著作的难度就会变大，因为读者（尤其是今天的读者）并不处于这个多层面的对话语境之中，如果使用比喻的话，可以说读者仿佛是一个远处的路人，看见一群身份各异的人正在激烈争论，要立刻听清他们争论的内容，是不容易的。

本文的关注点是巴特在《〈罗马书〉释义（第二版）》中试

---

18. Barth，*Der Römerbrief*（Zweite Fassung）1922，269，643.

图处理的"神学百科全书性"这个问题，也就是其对话结构的第三个层面。巴特走上教授岗位之后，不同时期对这个问题有过不同的理解与表述，[19] 然而，在创作《〈罗马书〉释义（第二版）》时，思考神学学科问题的巴特是一名瑞士乡村牧师，没有博士学位，是德语专业性神学学术的圈外人，巴特这个特定的社会身份与处境在其相关思考中得到反映：他此时聚焦的核心不是以大学院系为骨架的神学学术的专业发展，而是其最后的根基何在。如果神学学术与教育仅仅跟文化、历史和教养有关，不能呈现所谓的"上帝之道"，揭示普通人的生命意义，那它就根本没有存在的必要。这种让教义史家哈纳克（Adolf von Harnack）感到懊恼和震惊[20] 的思考方式显示了《〈罗马书〉释义（第二版）》激进性，要么百分之百地忠于上帝，要么百分之百地背叛祂，这种不容妥协的"非此即彼"赋予了这部著作一种特殊的感染力和价值，也解释了为什么它当时会被很多神学教授[21] 拒绝，却受到大量神学生以及文科生的青睐。那么，

---

19. 比如巴特在《教会教义学》第一卷第一部分开篇提出"神学是教会的一种功能"这个著名讲法，参 Karl Barth, *Die Kirchliche Dogmatik*, I.1, 8. Aufl.（Zürich：EVZ-Verlag, 1964），1；或巴特晚年在《福音神学导论》（*Einführung in die Evangelische Theologie*）中对神学各分支学科的总括性说明，参 Karl Barth, *Einführung in die Evangelische Theologie*（Zürich：EVZ-Verlag 1962），187–189。

20. 哈纳克于 1923 年在报刊《基督教世界》（*Christliche Welt*）上对巴特的抨击，参 Adolf von Harnack, "Fünfzehn Fragen an die Verächter der wissenschaftlichen Theologie unter den Theologen," *Christliche Welt* 37（1923）：6–8。

21. 朋霍费尔在大学时期深受巴特辩证神学的影响，他在 1925 年的柏林求学时期曾提交给著名教义学家西贝格（Reinhold Seeberg）一篇研讨课论文，题目为"史学式和圣灵论式的解经"，试图总结自己对巴特神学的认识，西贝格给的分数是 *genügend*（在十九世纪后半叶，普鲁士教育系统引入 4 分制评分系统，按照这个系统，*genügend* 相当于 3 分，刚刚及格），这是朋霍费尔在整个求学期间得到的最低分数。Dietrich Bonhoeffer, *Jugend und Studium 1918–1927*, Werkausgabe, Band 9, hrsg. von Hans Pfeifer in Zusammenarbeit mit Clifford J. Green und Carl-Jürgen Kaltenborn, 2. Aufl.（München：Chr. Kaiser, 2005），305–323.

巴特如何在与当时的释经学、系统神学及实践神学的争辩中思考"神学百科全书性"？下文首先依次简要分析巴特此时心目中"真正的"释经学、系统神学和实践神学的内涵，最后概括并评价他对"神学百科全书性"的理解。

二、历史考证释经与专注圣经"实事"的释经

德国哲学家伽达默尔（Hans-Georg Gadamer）曾正确地指出，巴特的《〈罗马书〉释义（第二版）》蕴含着一个"解释学宣言"[22]，这个宣言针对的目标是在当时的圣经研究中已然成为主流的历史考证方法。在《〈罗马书〉释义》第一版、第二版和第三版前言，以及第一版前言的六个未刊草稿[23]中，巴特通过对历史考证方法的批判，间接地阐发了一种聚焦于圣经"实事"的批判性释经学。"实事"对应的德文词汇是 *Sache*，它的含义非常丰富，既可以表示物品、事情或对象，也可以指主题、内涵、目标或意图等。在《〈罗马书〉释义（第二版）》中，巴特用这个词来指称圣经所聚焦的内容。对于"批判"（*Kritik*）一词，巴特的理解是康德式的，批判即设立界限，当巴特呼吁历史考证方法要"更具批判性"[24]时，他的意思是圣经学者要在自我批判中去认识这个方法的价值以及局限所在。虽然这个方法能够为理解圣经作语言学及史学意义上的准

---

22. Hans-Georg Gadamer，"Hermeneutik und Historismus，"in *Hermeneutik II*：*Wahrheit und Methode*：*Ergänzungen*，*Register*（Tübingen：Mohr Siebeck 1986），391.

23. Karl Barth，*Der Römerbrief*（Erste Fassung）1919，ed. Hermann Schmidt（Zürich：Theologischer Verlag，1985），581–602.

24. Barth，*Der Römerbrief*（Zweite Fassung）1922，14.

备，但它尚未触及理解活动的实质，历史考证方法的"学术性"（*Wissenschaftlichkeit*）只能保证它针对圣经文本所说的一切具备"可证伪性"（*Verifizierbarkeit*），但保持这种可证伪性并非理解活动的最终目标，因为理解圣经的关键在于理解者要与圣经的实事建立休戚与共的内在联系。

"面对一份历史文献，判断对我来说既意味着以实事来衡量文献中的所有词语和词组，因为若非一切都是假象，文献显然要谈论一个实事，也意味着将文献中的一切已有的答案与显然与之相对的问题反向联系起来，然后再将其与一个涵盖所有问题的首要问题反向联系起来，更意味着在唯一能被论述、因而事实上也唯一被论述了的内容之光照中来诠释首要问题的内涵……作为理解者，我必须深入到这样的地步，我面对的几乎只是实事之谜，几乎不再是文献之谜，我几乎忘却自己并非原作者，我对他的理解是如此之深，以至于我能让他以我的名义发言，我自己以他的名义发言。"[25]

与圣经的实事建立内在联系，这意味着理解者要进入实事本身所包含的问答结构之中。圣经的实事并非僵死不动，相反，它持续向读者提出"首要问题"，并给出最后答案。想要真正理解圣经实事的读者必须首先承认，这个"首要问题"概括了他自己所有的生命问题，而圣经所提供的最后答案就是这些生命问题的谜底。圣经实事所蕴含的问答结构支配着个体生命所蕴含的问答结构，个体生命的问答结构见证着圣经实事的问答结构，两者之间这种不可逆转的支配与见证关系是超越历史的，

---

25. A. a. O., 14.

当巴特在《〈罗马书〉释义（第一版）》前言[26]中说，保罗固然是古人，但他宣讲的信息却针对所有世代中的所有人时，他就是在强调保罗所呈现的这种支配与见证关系的非历史性。作为《罗马书》的"原作者"，保罗的意义在于引导读者认识并承认：这种支配与见证关系对读者自身也完全适用。这就导致他不能作为一个保持距离的旁观者去描述并重构保罗的思想世界，而是要充满激情地与保罗为伍，与保罗对话，视保罗的问题为自己的问题，保罗的答案为自己的答案，因为两者的问题和答案尽管古今有别，但同样都是对圣经实事问答结构的见证，具备内在的"共时性"（Gleichzeitigkeit）[27]。读者与保罗之间因为这种共同见证而生发的"忠信关系"（Treueverhältnis）[28]一方面克服了他们的古今之别，另一方面也勾销了他们的角色差异，作为一个忠实于保罗的人，读者能够以保罗的名义发言，甚至可以深化并展开[29]他对圣经实事的陈述，如果读者不能与保罗建立起这样一种忠信关系，那他就不可能真正理解并诠释保罗。

巴特为释经学设定的目标不是以客观描述的方式解答"文献之谜"，而是感同身受地呈现圣经实事的问答结构与个体生

---

26. A. a. O., 3.
27. 除了尼采（Friedrich Wilhelm Nietzsche）的《论历史对生命的用途与弊端》（*Vom Nutzen und Nachteil der Historie für das Leben*）之外，这个观念的另一个重要来源是克尔凯郭尔（Søren Aabye Kierkegaard）在《哲学片段》（*Philosophische Brocken*）中对共时性概念的阐发，巴特在写作第二版期间阅读过这部著作；见Søren Kierkegaard, *Philosophische Brocken: De omnibus dubitandum est*, trans. Emanuel Hirsch（Düsseldorf/Köln: Eugen Diederichs Verlag, 1952），52-54。
28. Barth, *Der Römerbrief*（Zweite Fassung）1922, 28.
29. 图爱森在这个解释学原则上与巴特一致：Eduard Thurneysen, "Die Anfänge," in Karl Barth, *Antwort: Karl Barth zum 70. Geburtstag am 10. Mai 1956*（Zollikon-Zürich: Evangelischer Verlag AG, 1956），836。

命的问答结构这两者之间不可逆转的支配与见证关系。这个释经目标显然迥异于巴特时代大多数保罗研究的目标。在巴特写作《〈罗马书〉释义》的第一版和第二版期间，德语世界的保罗研究主要可以分为以下两类：第一类是当时成为主流的宗教史学派的保罗研究，他们关注的首要问题是保罗神学的观念来源中犹太成分和希腊化神秘宗教成分所占的比重；其次是称义论和救赎论在保罗思想中的理论位置。[30] 第一类研究的主要代表是新约学者史怀哲（Albert Schweitzer）[31]、伍雷德（William Wrede）[32]、鲍塞特（Wilhelm Bousset）[33]，以及古典学家艾森斯坦（Richard Reitzenstein）[34] 等。第二类是以尤利歇尔[35]、佛来德烈（Otto Pfleiderer）[36]、利兹曼（Hans Lietzmann）[37]、贺尔斯坦（Carl Holsten）[38] 和霍兹曼（Heinrich Julius Holtzmann）[39] 等为代表的保

30. 参新约神学家布尔特曼（Rudolf Bultmann）对十九世纪和二十世纪上半叶保罗研究史的细致重构：Rudolf Bultmann，"Zur Geschichte der Paulus-Forschung," in *Das Paulusbild in der neueren deutschen Forschung*, in Verbindung mit Ulrich，hrsg. von Karl H. Rengstorf（Darmstadt：Wissenschaftliche Buchgesellschaft，1964），304-337。

31. Albert Schweitzer，"Geschichte der Paulinischen Forschung：Zusammenfassung und Problemstellung," in *Das Paulusbild in der neueren deutschen Forschung*，113-123.

32. William Wrede，"Paulus," in *Das Paulusbild in der neueren deutschen Forschung*，1-97.

33. Wilhelm Bousset，*Kurios Christos*（Göttingen：Vandenhoeck & Ruprecht，1965），104-154.

34. Richard Reitzenstein，"Paulusals Pneumatiker," in *Das Paulusbild in der neueren deutschen Forschung*，246-303.

35. Adolf Jülicher，*Paulus und Jesus*（Tübingen：Mohr，1907）.

36. Otto Pfleiderer，*Der Paulinismus：Ein Beitrag zur Geschichte der urchristlichen Theologie*（Leipezig：Fues's，1873）.

37. Hans Lietzmann，"Paulus," in *Das Paulusbild in der neueren deutschen Forschung*，380-409.

38. Carl Holsten，"Die Bedeutung des Wortes sarx im Lehrbegriffe des Paulus（1855），" in *Zum Evangelium des Paulus und des Petrus：Altes und Neues*（Rostock：Stillersche Hofbuchhandlung，1868），365-447.

39. Heinrich Julius Holtzmann，*Lehrbuch der neutestamentlichen Theologie 2*，2. Aufl.（Tübingen：Mohr，1911），22-37.

罗研究，他们从典型十九世纪自由派神学的核心概念"宗教"出发，一方面关注保罗的宗教经验、虔诚人格和反对律法的自由性宗教伦理，另一方面则要区分保罗的神学和宗教，认为他的神学只是其宗教经验的理论化产物。在这两类主流保罗学派之外，也有像施拉特（Adolf Schlatter）[40] 及贝克（Johann Tobias Beck）[41] 这样与历史考证方法保持张力的学者，巴特对他们的研究保持了适度关注。[42]

对于以上两类主流的保罗研究，巴特都不满意。在他看来，这些学者把保罗当成一个与己无关的研究对象，要么认为理解保罗就是要重构出他的思想根源，要么认为理解保罗就是要揭示其现代意义，然而，两者都没有和保罗建立起忠信关系，用巴特的话来说，他们缺乏理解和诠释的坚韧意志。[43] 与他们不同，加尔文具备这种意志，在加尔文的保罗书信注释中，他首要关切的并非保罗时代与宗教改革时代的历史间距，而是与保罗之间的交谈如何集中于圣经实事本身，也就是说，如何与保罗并肩携手，共同呈现圣经实事的问答结构与个体生命的问答结构之间不可逆转的支配与见证关系。巴特在此的意图并非抬高加尔文，贬低严肃的史学研究，他的核心问题只有一个，那就是对圣经文献的历史考证研究如何在具备史学内涵的同时也具备神学内涵。换言之，圣经研究的目标不能只是在文献史意

40. Adolf Schlatter, "Paulus und Griechentum," in *Das Paulusbild in der neueren deutschen Forschung*，98–112.

41. Johann Tobias Beck, *Erklärung des Briefes Pauli an die Römer*（Nabu Press，2010）.

42. 参巴特在《〈罗马书〉释义（第二版）》前言中对两者的积极评价：Barth, *Der Römerbrief*（Zweite Fassung）1922，12.

43. Barth，*Der Römerbrief*（Zweite Fassung）1922，12–13.

义上提出不同的底本假说，而是要更进一步，揭示圣经实事与个体生命之间的关系。[44] 当巴特在《〈罗马书〉释义（第二版）》前言中明确强调自己更喜欢圣灵感应说（*Inspirationslehre*）时，他的意思并非要再次返回新教正统主义（*Protestantische Orthodoxie*），按他自己的说法，他知道"问题没有这么简单"[45]，他希望重建圣经实事对诠释者的约束性，不是诠释者凌驾于圣经之上，而是反过来，圣经的实事高于诠释者的诠释意图。在巴特看来，同时代的圣经历史研究颠倒两者之间的恰当关系，错过了圣经的实事。

三、"危机神学"与基督的复活

圣经实事蕴含"首要问题"和"最后答案"，对此时的巴特而言，这个问答结构的核心是基督论，可以用两节经文来概括他的理解。在《马可福音》8：27 中，耶稣在前往凯撒利亚·腓立比的途中问自己的门徒："众人说我是谁？"（笔者自译）这是巴特眼中圣经的"首要问题"；《约翰福音》8：12 中耶稣向众人说："我就是世界的光，谁跟从我，谁就不会行于幽暗之地，反要得着生命之光。"（笔者自译）这是圣经的"最后答案"。圣

---

44. 正如德国神学家云格尔（Eberhard Jüngel）在纪念巴特逝世四十周年（2008）的一个瑞士电视访谈节目《星光时刻》(Sternstunde)中所言，巴特提出的这个问题在当时的圣经学者那里没有得到认真回应。严格说来，当时的圣经历史考证学派回答不了这个问题，因为与整个近代启蒙相伴而行的圣经历史研究解构了新教正统主义的圣灵感应说，这个学说最重要的意图之一，就是要维护圣经文本与教义信条之间日益松散的联系。最终，历史考证研究冲破了教义信条对圣经诠释的约束性，这一方面推动了更为符合现代意义的学术自由的圣经历史研究，另一方面也导致对圣经内涵的解释落入启蒙以来轮番登场的各类突出伦理的世界观手中。

45. Barth, *Der Römerbrief*（Zweite Fassung）1922, 16.

经实事的问答结构以基督论为中心，是基督的自问自答。[46] 在巴特看来，基督的这个自问自答涵盖了人对有限生命的一切疑问和暂时解答，而人对自我的一切认识，最终指向这个发生在基督之中的上帝的自我认识。正是在这个意义上，圣经的实事与哲学的主题完全一致，不同之处只在于，神学家在哲学家称为"本原"[47] 的地方发现了被钉十字架并复活的基督，系统神学应专注于基督的复活。《〈罗马书〉释义（第二版）》的神学核心是基督论，而基督论的核心则是基督的复活。《〈罗马书〉释义（第一版）》同样关注复活问题，但着眼点是继基督复活后的死人复活如何成为盼望的对象，[48] 而第二版强调的是上帝的正义[49]在基督复活之中得以展现。

> 唯有通过祂［耶稣］，上帝的正义才变得不难被理解，变得不易被误解了：它是雄踞于人类以及历史之上真实的秩序与权柄。[50]

基督的复活、上帝的正义——巴特试图联系起这两个概念并赋予它们新的内涵：基督的复活是上帝正义的贯彻。上帝的

---

46. 在《教会教义学》第四卷和解论的第三部分，巴特在著名的"生命之光"（Das Licht des Lebens）这 节把基督的这种自我见证与其先知职事（munus propheticum Jesu Christi）联系在一起，在这里基督复活事件仍旧构成绝对的中心，见 Karl Barth, *Die Kirchliche Dogmatik*, IV.3（Zollikon-Zürich：Evangelischer Verlag AG, 1959），40–42，329–331。

47. Barth, *Der Römerbrief*（Zweite Fassung）1922, 17.

48. Barth, *Der Römerbrief*（Erste Fassung）1919, 413.

49. Barth, *Der Römerbrief*（Zweite Fassung）1922, 132.

50. A. a. O., 103.

正义与司法意义上的赏善罚恶不能简单等同，它展现的是上帝全新的复活与创造之力。上帝的彼岸正义高于一切人类的此岸正义，并构成后者的绝对危机：

> 基督的恩典所及之处，人即使矜持怀疑，也参与了对古往今来万事万物之转折的宣告，参与了复活。[51]

如果人的正义自以为义，拒绝这一带来根本转折的复活现实，那么这个危机就意味着上帝的永恒弃绝，如果人的正义承认自己被基督的复活现实所批判，那么这个"危"就是"机"，它照亮人类正义的有限价值，使人的正义成为对上帝正义的类比（Gleichnis）。所谓的"危机神学"包含两层意义：首先，在基督复活中展现出的全新现实揭露了世界现实的陈旧。其次，必须作出抉择，[52]承认陈旧的世界现实的确处于绝境，以便从上帝那里绝处逢生。在《〈罗马书〉释义（第二版）》中，"危机神学"的双重内涵支撑起其罪论、教会论与宗教批判，也动摇了称义论（Rechtfertigungslehre）在传统新教教义学中的核心地位，不是人如何通过虔敬自律而称义，而是上帝如何在基督复活这一终末论性质的事件中表明自己的正义，这个正义无与伦比，因为它来自彼岸，是意在拯救的神性大能。

巴特虽然从释经学角度质疑宗教史学派的史学方法，但却从教义学角度接受了该学派的一个学术结论：新约与原始基督

---

51. A. a. O., 9.
52. A. a. O., 103.

教所宣信的核心跟康德以降的新教神学所推崇的道德人格毫无瓜葛。与此同时，巴塞尔大学（Universität Basel）教会史家欧文贝克（Franz Overbeck）问世于 1919 年的遗著汇编《基督教与文化》（*Christentum und Kultur*）[53] 对巴特震撼极大。从这位尼采的昔日友人那里，他学会了把现代基督教与原始基督教之间的这种差异解读为前者的自我迷失或说堕落，正是带着这种鲜明的价值评判，巴特加入宗教史学派在世纪之交对利奇尔（Albrecht Ritschl）的批判浪潮之中，但又超越了他们。众所周知，韦斯（Johannes Weiss）在 1892 年写了《耶稣对上帝国的宣讲》（*Die Predigt Jesu vom Reiche Gottes*），指出在新约中耶稣宣讲的上帝国概念的核心内涵，并非利奇尔学派在康德道德哲学基础上构想出的不断进步的市民道德共同体，而是暗示世界末日到来的"弥赛亚-终末论"。[54] 鲍塞特在同样写于 1892 年的《耶稣与犹太教对立的宣讲》（*Jesu Predigt in ihrem Gegensatz zum Judentum*）中，虽然强调耶稣面向世界的亲和与同情，但也认为耶稣对上帝国度的宣讲源于一种"对世界末日和世界审判这些终末之物的期待"。[55] 史怀哲对宗教史学派一贯有所保留，但他在出版于 1913 年的名著《耶稣生平研究》（*Geschichte der Leben-Jesu-Forschung*）中认为，耶稣的上帝国宣讲是终末论性质的，甚至其在尘世的所有作

53. Franz Overbeck, *Werke und Nachlaß*, Bd VI, *Kirchenlexikon, Materialien, I: Christentum und Kultur: Gedanken und Anmerkungen zur modernen Theologie*, ed. Barbara von Reibnitz（Stuttgart/Weimar：J.B. Metzler Verlag，1996）.

54. Johannes Weiss, *Die Predigt Jesu vom Reiche Gottes*, ed. Ferdinand Hahn, 3. Aufl.（Göttingen：Vandenhoeck & Ruprecht，1964），58-60.

55. Wilhelm Bousset, *Jesu Predigt in ihrem Gegensatz zum Judentum: Ein religiosgeschichtliche Vergleich*（Göttingen：Vandenhoeck & Ruprecht，1964），84.

为都具有终末论性质或说弥赛亚意识。[56]

尽管以上三位重量级学者从史学角度揭示了利奇尔主义（Ritschlism）从康德伦理学角度对上帝国概念的误读，但又都从教义学角度承认了这种误读的必要性。因为唯有通过康德意义上的道德自律，原始基督教的终末论才能和现代基督教世界的自我理解重新建立联系，彼岸的终末才能转化为"此岸的力量"。[57] 在巴特看来，他们的利奇尔主义批判并不彻底，因为他们虽然揭示了上帝国的终末论性质，却无法摆脱利奇尔对这个概念的伦理诠释，对他们而言，终末论元素仅仅是基督教中具有前现代性质的"残余"，[58] 失去了其原本的批判性意义。终末论不能被现代基督教世界的道德称义论抵消，恰恰相反，它要成为后者的绝对危机。正是在这个意义上，巴特在《〈罗马书〉释义（第二版）》中强调，终末论要成为教义学的核心，[59] 如此才能保证教义学从基督的复活和上帝的彼岸权能中获得其内在的批判性，这种批判性所指向的目标不仅限于道德化问题，也包括蒂利希（Paul Tillich）所代表的宗教社会主义（*Religiöser Sozialismus*）。[60]

对基督复活的专注使系统神学不再聚焦于圣经实事如何与

---

56. Albert Schweitzer, *Geschichte der Leben-Jesu-Forschung*, 5., photomechan. gedr. Aufl.（Tübingen: Mohr, 1933）, 390−392.

57. Ernst Troeltsch, *Die Soziallehren der christlichen Kirchen und Gruppen*（Tübingen: Mohr, 1912）, 979.

58. Barth, *Der Römerbrief*（Zweite Fassung）1922, 19.

59. A. a. O., 430.

60. A. a. O., 460. 众所周知，巴特对宗教社会主义的批判在《社会中的基督徒》（Der Christ in der Gesellschaft）这一著名文章中已经开始，见 Karl Barth, *Karl Barth Gesamtausgabe Abteilung III: Vorträge und kleinere Arbeiten 1914−1921*, hrsg. von Hans-Anton Drewes in Verbindung mit Friedrich W. Marquardt（Zürich: Theologischer Verlag, 2012）, 557, 559。

现代精神沟通，而是聚焦于两者之间深刻的沟通障碍，因为显现于基督复活之中的上帝权能来自彼岸，日日更新，现代精神所推崇的人道能力来自此岸，每况愈下，前者是新酒，后者是旧瓶。与对历史考证方法的批判一样，巴特在此的意图绝非简单地拒绝现代精神，而是要敦促受现代精神熏陶的新教神学进行自我批判：如果神学的对象是上帝，那么启蒙以降的现代人是否时刻把祂放在神学的中心位置？当他们谈论上帝的时候，所想的是否只是自己的价值观？这两个问题为巴特后来的史学著作《十九世纪新教神学》(*Die protestantische Theologie im 19 Jahrhundert*) 提供了基本的思维框架：十八世纪的欧洲人在技术、科学与政治领域扩张自己的权力范围，这导致十八乃至十九世纪主流新教神学高举人类中心主义，对神学问题进行国家化、道德化、学术化、内在化与个体化，[61] 而"危机神学"则意在重新恢复上帝的中心地位。从二十年代中后期开始，巴特的主要精力集中于阐述这个上帝中心主义的认识论侧面，即上帝的自我启示及其可认知性。众所周知，在《教会教义学》第一卷第一部分中，三一论被确立为上帝自我启示的认识论结构，[62] 从三十年代中期[63]开始至二战结束，巴特以盟约神学 (*Bundestheologie*)[64] 为基础，逐渐开辟出这个上帝 / 基督中

61. Karl Barth, *Die protestantische Theologie im 19. Jahrhundert: Ihre Vorgeschichte und ihre Geschichte*, 2. Aufl. (Zürich & Zollikon: Evangelischer Verlag, 1952), 65–67.

62. Barth, *Die Kirchliche Dogmatik*, I.1, 311–313.

63. Karl Barth, *Texte zur Barmer Theologischen Erklärung*, ed. M. Rohkrämer (Zürich: Theologischer Verlag, 1984), 1–3.

64. 参巴特在《教会教义学》第二卷（拣选论）第二部分（1942）和第三卷（创造论）第三部分（1945）中对盟约概念的不同阐发：Barth, *Die Kirchliche Dogmatik*, II. 2, 3. Aufl. (Zollikon-Zürich: Evangelischer Verlag AG, （转下页）

心论所蕴含的政治神学维度。[65]《〈罗马书〉释义（第二版）》处理这个问题的独特之处在于，它试图在包罗万象的生活实践这个背景中来理解上帝的中心地位："思想如果是真实的思想，就是对生活的思想，因而也就是对上帝的思想。"[66]

四、生活图像的透视主义与实践神学

思想是否具备真实性，这取决于它是否能够触及生活与上帝之间的关联，思想上帝就是思想祂在日常生活实践中的主宰地位，思想生活则是思想它被创造主和救赎主上帝所统治。在巴特看来，以上帝为中心的"危机神学"绝非脱离日常生活实践的抽象玄思，而是一种面向实践的理论，[67] 因为它抗议现代生活的各个实践领域与上帝隔绝的独立性，[68] 要用基督复活所展现的上帝权能来照亮现代生活的全部困境与复杂性、深度与意义。从这个角度来看，尽管《〈罗马书〉释义（第二版）》与魏玛共和国时期的诸多生命哲学出发点不同，但目标类似，因为大家都要在全方位剧烈变革的二十年代为日益复杂的现代生

（接上页）1959），177-191；Karl Barth, *Die Kirchliche Dogmatik*, III.1, 3.Aufl. (Zollikon-Zürich: Evangelischer Verlag AG, 1944), 44-46。亦参巴特写于 1938 年的《称义与法》(Rechtfertigung und Recht) 一文：Karl Barth, "Rechtfertigung und Recht," in *Theologische Studien*, ed. Karl Barth (Zollikon-Zürich: Evangelischer Verlag AG, 1944), 43-45。

65. Karl Barth, "How My Mind Has Changed," in *Der Götze wackelt: Zeitkritische Aufsätze und Briefe von 1930 bis 1960*, ed. Karl Kupisch (Berlin: Käthe Vogt Verlag, 1961), 186-188.

66. Barth, *Der Römerbrief* (Zweite Fassung) 1922, 571.

67. A. a. O., 575.

68. 这是《社会中的基督徒》一文的核心思想之一：Barth, *Karl Barth Gesamtausgabe Abteilung III: Vorträge und kleinere Arbeiten 1914-1921*, 571-573。

活找到新的解释原点。哲学家海德格尔（Martin Heidegger）在尚未写出其《存在与时间》（*Sein und Zeit*）的二十年代初期，就已经注意到巴特的"危机神学"与生命哲学的这种内在关联。[69] 巴特找到的这个解释原点，并非后来对布尔特曼产生巨大影响的海德格尔的"此在"（*Dasein*）概念，而是此岸生活与彼岸上帝之间的透视学关系：如果生活是一幅立体图像，那么上帝就是位于该图像之外的透视焦点（*Fluchtpunkt*），图像的所有线条都指向这个焦点，如果焦点消失，图像内部的线条关系就会紊乱。这个思想最初被图爱森提出，[70] 巴特将其引入《〈罗马书〉释义（第二版）》的"危机神学"之中。

> 没有什么自在的生活，而是只有一种与上帝相关的生活，只有受上帝审判，得上帝应许的生活：以死亡为特征，但通过作为永恒生活之希望的基督之死而获得资格的生活……生命之中的生命就是上帝的自由，这对我们而言意味着死亡。[71]

巴特认为，在生活实践的各种具体关系内部，无法看见生活的全景，唯有从生活之外，超越于生活的某个焦点出发，才能够

---

69. 海德格尔的学生洛维特（Karl Löwith）在其著名回忆录《1933 年前后我在德国的生活：一个报道》中也提到，巴特的《〈罗马书〉释义》和斯宾格勒（Oswald Spengler）的《西方的没落》（*Der Untergang des Abendlandes*）这两部反对现代性进步理念的著作，在当时的知识界同时掀起了热潮，见 Karl Löwith, *Mein Leben in Deutschland vor und nach 1933：Ein Bericht*（Stuttgart：J. B. Metzler, 1986），25。

70. Hong Liang, *Leben vor den letzten Dingen*, 179–181.

71. Barth, *Der Römerbrief*（Zweite Fassung）1922, 683.

透视整个生活的图像。这个焦点就是对生活给出审判并应许的上帝，人的全部生活处于祂的审判和应许之下，没有任何一根生活图像的线条可以脱离与这个焦点之间的联系。前面已经指出，上帝在其权能中的审判与应许意味着生活世界的总体性危机，这个危机体现于具体生活实践的各类矛盾与问题之中。生活的意义不是借助各种手段去摆脱这些矛盾和问题，而是要借助它们进入这个总体性危机，因为只有在这个危机或说焦点之中，生命的来源与归宿、生活图像的全景才会真正显露出来。上文论及，巴特为释经学制定的目标，是呈现圣经实事的问答结构与个体生命的问答结构之间不可逆转的支配与见证关系，这个目标是关于生活图像的透视主义在圣经诠释层面的落实：圣经实事中基督的自问自答构成了生活世界的危机，这个危机浮现于每个个体对生命意义的追问和解答之中，把握圣经的神学内涵，意味着看到个体的生活图像对这个危机或说神性焦点的依附关系。那么，这个关于生活图像的透视主义如何塑造了巴特对实践神学的理解？

在《〈罗马书〉释义（第二版）》序言中，巴特称实践神学流连于"平缓的河谷草地"（*sanfte Auen*），回避真正的神学任务必然要面对的雄关险隘，这个针对实践神学的评价至今还让德国的实践神学家耿耿于怀。巴特的这个评价究竟针对当时的哪些实践神学家？作为一门独立的神学学科，德国的实践神学诞生于十九世纪中叶，虽然其标志性著作是尼驰（Karl Immanuel Nitzsch）出版于1847至1867年的多卷本《实践神学》（*Praktische Theologie*）[72]，但晚近研究一致公认，真正确立了第一

---

72. Karl Immanuel Nitzsch, *Praktische Theologie*, 3 Bde.（Bonn：Marcus Verlag, 1847–1867）.

个实践神学理论范式的人是尼驰的老师施莱尔马赫（Friedrich D. E. Schleiermacher）。早在施莱尔马赫首版于 1811 年的《神学研究简述》(*Kurze Darstellung des theologischen Studiums zum Behuf einleitender Vorlesungen*) [73] 中，实践神学已经被定义为"神学之树"的树冠，它从哲理神学这个树根中汲取养分，被历史神学这个树干扶持，目标是发展出可以引导信徒灵魂和带领教会发展的艺术规则，以便在日渐独立的世俗文化语境中保存并完善教会。

与此相应，牧灵（*Seelsorge*）的首要功能是恢复并提升信徒被遮蔽了的良知自由，推动信徒重新被整合进教会这个社会团体，直至不再提出牧灵要求。施莱尔马赫深受启蒙精神熏陶，认为教会是由受上帝之道直接引导的独立个体所组成，教会区别其他社会团体的特殊性在于连接其所有成员的纽带是虔敬意识（*Frömmigkeitsbewusstsein*）。教会并不独立于社会文化语境之外，恰恰相反，它要在由虔敬意识引导的宗教实践中，显示出自己是这个语境不可或缺的组成部分。施莱尔马赫创立的这个沟通教会与社会的理论范式在二十世纪初期的自由派实践神学家那里得到贯彻与深化，这个流派最重要的代表比如鲍姆加藤（Otto Baumgarten）[74]、德韦鲁斯（Paul Drews）[75] 及

---

73. 参 Friedrich D. E. Schleiermacher, *Kurze Darstellung des theologischen Studiums zum Behuf einleitender Vorlesungen* (*1811/1830*), ed. Dirk Schmid (Berlin & New York: de Gruyter, 2002)。

74. Otto Baumgarten, *Neue Bahnen: Der Unterricht in der christlichen Religion im Geist der modernen Theologie* (Tübingen & Leipzig: Mohr, 1903).

75. Paul Drews, *Das Problemder Praktischen Theologie: Zugleich ein Beitrag zur Reform des theologischen Studiums* (Tübingen: Mohr, 1910)；另参 Paul Drews, "Moderne Theologie und Reichgottesarbeit. Auseinandersetzung mit Karl Barth," *Zeitschrift für Theologie und Kirche* 19 (1909): 475-479。

尼贝加尔（Friedrich Niebergall）[76]，都认为实践神学的中心是社会中的教会，但与施莱尔马赫不同，他们在新的时代背景下更强调社会这个概念的经验性内涵。世纪之交的欧洲社会经历巨变，迅速扩张的工业化和世俗化既催生出全新的社会经验（比如新的交通与通讯手段带来的速度体验），也造成了大量的社会矛盾与问题（比如劳资纠纷和社会分化）。在自由派实践神学家们看来，这些社会生活中的现实问题与教会存亡息息相关，只有直面这些问题及被这些问题围困的信徒的灵性需求，采用时新的经验科学方法（比如宗教学和心理学）分析并解决它们，才能重新接近那些被世俗力量夺走的信徒。为了达成这个目标，必须注重策略与技术。在巴特看来，这个潮流正逐渐使实践神学丧失神学内涵，沦为翻译社会经验的工具与手段。从他和图爱森发展出的生活图像的透视主义出发，巴特抨击自由派实践神学的平面化思维，认为他们只看到了紊乱的现实生活和社会问题本身，却忽略了它们位于彼岸的焦点，他们眼中的生活失去了神性深度，一切都被归纳为发现问题和解决问题，但生活的真正意义恰恰在于它的问题不可解决，在于它从上帝这个彼岸的焦点看到自己深陷危机，只能仰赖救赎。对巴特而言，只有借助这个透视主义视野，实践神学才能防止自己沦为臣服于现实生活种种经验诉求的传声筒，从而保持其神学品质。牧灵和宣讲所应关注的终极目标不是如何消除危机，而是如何更深

76. Friedrich Niebergall, *Praktische Theologie: Lehre von der kirchlichen Gemeindeerziehung auf religionswissenschaftlicher Grundlage*, 2 Bde. (Tübingen: Mohr, 1918–1919).

刻地展现生活的根本性危机。在自由派实践神学家眼中，巴特的理论范式彻底打破了施莱尔马赫试图在教会与社会之间努力架设的桥梁，再次凸显了圣经实事与现代精神之间的深刻冲突。

五、神学学科的统一性或"神学百科全书性"

巴特在《〈罗马书〉释义（第二版）》中对释经学、系统神学和实践神学的批评并非一时心血来潮。此前的 1918 年，在为《〈罗马书〉释义（第一版）》撰写的六个未刊前言草稿中，他已开始向这三门学科开炮。巴特在草稿中强调，自己并非孤军作战，与他同声共气的是"整整一代青年牧者和学生"[77] 和"足够多的非神学家"[78]，大家都想以另一种方式阅读圣经，以区别于被十九世纪神学统治的大学神学院系，因为后者把圣经视为记载远古虔敬意识的"经典文献"[79]，对其进行了诸多"光彩耀眼且富于穿透力"[80] 的历史语文学研究，但这些"神学学术活动"[81] 在面对"圣经的意义"[82] 时，却暴露出"非实事性、形式化、非本质性、不专注和无爱心"[83]。不只是释经学，系统神学和实践神学面临类似的问题：

　　　　长久以来，我们都在渴望自己对上帝的认识、对圣

77. Barth，*Der Römerbrief*（Erste Fassung）1919，582.
78. A. a. O.，582.
79. A. a. O.
80. A. a. O.
81. A. a. O.
82. A. a. O.
83. A. a. O.

经的理解、宣讲及教学，能够更具实事性、内容性和本质性。[84]

对此时的巴特而言，解决这个结构性问题的突破口是找到一种更贴近圣经意义本身的解读方式，与占据统治地位的历史考证方法相比，这种方式应"更具实事性、更着眼于内容和实质、更专注并更富于爱心"[85]，能让圣经再次对"陷入外在与内在撕裂状态的人类"[86]开口讲话，唯有在此基础之上，"今日之神学"[87]才有起死回生的可能。对《罗马书》的解读固然属释经学范畴，但它牵涉的问题却绝不仅仅是圣经诠释的方法论，而是包含了系统神学与实践神学在内的整个神学学科统一性的奠基。在三年之后写就的《〈罗马书〉释义（第二版）》序言中，巴特重新表述了自己的这个基本关切：

> 我知道这意味着什么：不得不年复一年登坛宣讲，应该并愿意理解和诠释，却常感力不从心，因为大学殿堂教给我们的只是著名的"对历史的敬畏"，说得虽然好听，但这其实意味着拒绝进行任何一种严肃的、充满敬畏的理解与阐释。[88]

---

84. A. a. O., 593.
85. A. a. O., 582.
86. A. a. O., 585.
87. A. a. O., 587.
88. Barth, *Der Römerbrief*（Zweite Fassung）1922, 15.

理解保罗意味着跨越历史藩篱，承认"他作为上帝国的先知与使徒针对所有世代的所有人宣讲"[89]，沟通他和"所有世代的所有人"的根本基础并非精致的史学"移情艺术"[90]，而是包括保罗在内的所有人与圣经实事问答结构的见证关系。上文已指出，圣经实事问答结构的核心是基督的死而复活，它揭示彼岸上帝的正义构成此岸世界的危机。在巴特看来，个体对生命意义的疑问与探索指向这个关联彼岸的危机，用图爱森的透视主义来表述，这个高悬的危机是一切生活图像的透视焦点，唯有从此焦点出发，才能把握到生活图像的全貌，在此，"圣经的主题与哲学的总和合二为一"[91]。脱离这个具有普遍主义特征的透视关系，巴特提出的所谓时间与永恒之间"质的无限差异"[92]难以被恰当理解，因为他的着眼点并非时间与永恒之间二元论式的僵化区隔，而是此岸生活如何在与彼岸焦点的动态张力中"成像"，失去彼岸焦点的此岸生活只是混乱而无意义的线条堆积。呈现作为危机的彼岸焦点对此岸生活图像的建构性意义，这是青年巴特眼中确保历史理解、教义反思与实践想象具有真实性与深刻度的唯一基础。

十九世纪神学总的问题性在于圣经学者倚重史学，系统神学家臣服于现代价值，实践神学家关注策略与技术，三者形成强大合力，使整个神学学科为"历史-心理学"[93]的虚构与偏见所蒙蔽，

---

89. Barth，*Der Römerbrief*（Erste Fassung）1919, 601.

90. A. a. O., 587.

91. Barth，*Der Römerbrief*（Zweite Fassung）1922, 17.

92. A. a. O., 17.

93. Barth，*Der Römerbrief*（Erste Fassung）1919, 587.

最终偏离其根本对象。在此前提之下，二十世纪初的新教神学陷入全面危机：释经学无法揭示圣经实事的问答结构，系统神学无法触及基督复活所包含的批判潜能，实践神学在平面思维中日益肤浅化，三者画地为牢，彼此隔绝。在巴特看来，释经、教义和实践所组成的这种偏离目标且相互割裂的神学学科体系，最终使德语主流神学丧失判断力，混淆了超越的上帝国与一战同盟国的民族国家建构。新教神学如果想要重新出发，那么释经、教义和实践三者之间必须打破藩篱，重返使它们陷入共同危机的唯一对象，即被圣经所见证作为生命图像意义焦点的基督之复活，正是这一对象奠定了三者所组成的神学学科的内在统一性或"百科全书性"。区别于潘能伯格（Wolfhart Pannenberg）在二十世纪七十年代初提出的以广义科学理论（*Wissenschaftstheorie*）[94]为导向的神学百科全书性，《〈罗马书〉释义（第二版）》强调打通学科界限的百科全书性立足于生活图像的彼岸奠基，具有鲜明的生存论色彩，巴特此时的首要关切并非神学学科的理性特质，而是其全方位转化生命的实践价值，正是这一点让当年的巴特在彷徨求索的青年群体中赢得大量的追随者。

韦伯（Max Weber）在著名的《以学术为业》（*Wissenschaft als Beruf*）一文中曾说，一位学者取得的专业成就，十年、二十年或五十年之内就会过时，[95]这是现代学术的命运。巴特神

---

94. Wolfhart Pannenberg, *Wissenschaftstheorie und Theologie*（1973）（Frankfurt：Suhrkamp Verlag，1987）.

95. Max Weber, *Wissenschaft als Beruf 1917/1919*；*Politik als Beruf 1919* in Studienausgabe der Max-Weber Gesamtausgabe Band I/17, ed. Wolfgang J. Mommsen, Wolfgang Schluchter and Birgit Morgenbrod（Tübingen：Mohr Siebeck，1994），8.

学是否过时，这里暂且存而不论，但如果"过时"一词所指不是某项学术成就的内在价值，而是外部世界对它的关注程度，那么韦伯的讲法就有其合理之处。巴特逝世于 1968 年这个充满象征意味的年份，早在六十年代初期，德国新一代的系统神学家就已开始批评巴特不懂终末论[96] 和"启示神学"的反智倾向[97]，重新发掘历史对于理解启示概念的意义。与此同时，被巴特批评为人类学中心主义的神学代表施莱尔马赫在德语学界经历了复兴，其试图连接教会与社会的文化理论范式重获肯定。在圣经研究领域，曾被"危机神学"激烈抨击的宗教史学派重获生机，其中最重要的发展就是以基尔（Othmar Keel）为代表的图像学（*Ikonographie*）[98] 在七十年代的兴起，它掀开了古代近东研究、旧约研究及广义宗教学的崭新篇章。在德语实践神学领域，学术新生代如威格纳斯特（Klaus Wegenast）等推动的"经验转向"（*Empirische Wendung*）[99] 把矛头直接对准了巴特，认为他的实践神学范式忽视了信众的信仰经验与现实需求，片面强调宣讲危机，这是教义学对实践科目的专制与压迫。巴特在

---

96. Tjarko Stadtland，*Eschatologie und Geschichte in der Theologie des jungen Karl Barth*（Neukirchen：Neukirchener Verlag des Erziehungswesens，1966），181-182. 这篇六十年代后期的博士论文最后一句话是："巴特明确说他不想再写终末论（《教会教义学》第五卷）了，这让很多人难过，但是，他从自己的观点出发还能写什么终末论呢？"（第 189 页）据巴特最后一任秘书，哥廷根神学家布什（Eberhard Busch）的回忆，Stadtland 的这句话让晚年巴特一度十分恼火。参本书第六章"与莫尔特曼一起研究巴特"第三部分"父与子"。

97. Wolfhart Pannenberg，*Offenbarung als Geschichte*，5. Aufl.（Göttingen：Vandenhoeck & Ruprecht，1964），7-9.

98. Othmar Keel，*Die Welt der altorientalischen Bildsymbolik und das Alte Testamen：Am Beispiel der Psalmen*（Neukirchen：Neukirchner Verlag/Benziger Verlag，1972）.

99. Klaus Wegenast，"Die empirische Wendung in der Religionspädagogik，" *Der evangelische Erzieher-Zeitschrift für Pädagogik und Theologie* 20（1968）：111-124.

二十年代初期所反对的一切，似乎在他去世之后又以新的面貌和强劲势头重生了。

学术风潮的变化无常符合《论语》对川流的描述："逝者如斯夫，不舍昼夜"。如果重审《〈罗马书〉释义（第二版）》的"百科全书性"只是为了做一个"巴特主义式"的表态，即只有巴特一个人才是对的，其他所有人都弄错了，重温就失去了意义，因为就像巴特本人在第二版前言里所强调的那样，"问题没这么简单"[100]。然而，确定无疑的是，对于当前及未来世代针对"神学百科全书性"的理论反省而言，《〈罗马书〉释义（第二版）》都堪称伟大的典范，它的典范性根源于青年巴特的深刻信念，那就是神学思想必须立足于充满变动与危机的生活世界，要去那里寻求奠定自身统一性的基础："正是着眼于生活，思想才必须踏上交错的道路，步入无尽的远方，正是而且唯独是在生活诸多线条所构成的那种让人迷惘的、万花筒般的运动性与紧张性中，思想才能真确地反映生活"[101]，才能成为对上帝的思想。

100. Barth, *Der Römerbrief* (Zweite Fassung) 1922, 16.
101. A. a. O., 573.

第二章
卡尔·巴特与汉娜·阿伦特论恶与约[*]

一、引 言

如何恰如其分地理解恶的现实性（*Wirklichkeit*）及其对人道（*Humanität*）的威胁？这是瑞士神学家卡尔·巴特和德裔美国政治理论家汉娜·阿伦特（Hannah Arendt）在二战结束之后共同面对的问题，他们对这一问题的切入角度显示出惊人的相似性，这或许是两者分别于 1963 年和 1975 年获得宋宁克奖（Sonnig Preis）[1]的原因所在。重温巴特与阿伦特对这个问题的不

---

* 本章原刊于《基督教文化学刊》39（2018）：100–121。

1. 1963 年 4 月 19 日，卡尔·巴特在哥本哈根大学被授予宋宁克奖，这个创立于二战后的文化奖项表彰的核心是获奖者对丰富"欧洲文明"作出的巨大贡献。在巴特之前，已有五位杰出人士获此殊荣，其中包括英国首相丘吉尔（Sir Winston Churchill）、德国神学家史怀哲（Albert Schweitzer）和英国作家兼哲学家罗素（Bertrand Russell）。十二年后，汉娜·阿伦特也获得宋宁克奖，在同样发表丁哥本哈根的答谢词中，她表达出与巴特类似的惊讶之情，自问在何种意义上对"欧洲文明"作出实质性贡献。巴特与阿伦特生前互不相识，宋宁克奖是唯一能够联系起两者思想生命的可见纽带。在宋宁克奖评审委员会看来，巴特与阿伦特的共同之处显然在于两者对战后"欧洲文明"及其人道传统重建的重大意义。巴特的答谢词，见 Karl Barth, "Dank und Reverenz," *Evangelische Theologie* 23/7（1963）：337–342。阿伦特的答谢词，见 Hannah Arendt, *Responsibility and Judgment*, ed. Jerome Kohn（New York：Schocken Books, 2003），3–14。

同阐发与互补之处，品味其创造力与现实关怀，这是本章的主旨所在。

2006 年 5 月，前任教宗本笃十六世（Benedikt XVI）造访奥斯威辛，感叹"此地让一切言语都丧失效力"[2]，区别于哲学家阿多诺（Theodor W. Adorno）的名言"奥斯威辛之后，作诗是野蛮的"[3]，本笃十六世这句话重申了种族灭绝使二战以后的宗教思维所陷入的普遍困境，因为它颠覆了恶的传统图像，恶既非善的缺乏，亦非自由意志的伴生体或历史进步的助推物，它是撕裂生活世界的陌生侵入者，其可怖程度超越了理解与表达的限度。在出版于 1972 年的《被钉十字架的上帝》（Der gekreuzigte Gott）一书中，莫尔特曼将十字架神学置入三一论语境，以父的丧子之痛来理解耶稣之死，把引发耶稣之死的恶所造成的苦难纳入上帝自身的历史及其终末性将来之内。[4] 无独有偶，犹太哲学家汉斯·约纳斯（Hans Jonas）在 1984 年的著名演讲《奥斯威辛之后的上帝概念》（Der Gottesbegriff nach Auschwitz）中质疑上帝的全能，认为创世的本质是上帝自愿通过犹太卡巴拉（Kabbalah）意义上的"向内紧缩"（Zimzum）[5] 为受造物与人类的自由给出空间，这一过程也意味着上帝的自我生成，其代

---

2. Ansprache von Benedikt XVI, "Im Konzentrationslager Auschwitz-Birkenau"（28. Mai 2006）, http：//w2.vatican.va/content/benedict-xvi/de/speeches/2006/may/documents/hf_ben-xvi_spe_20060528_auschwitz-birkenau.html.

3. Theodor W. Adorno, "Kulturkritik und Gesellschaft," in *Gesammelte Schriften*, *Band 10.1*：*Kulturkritik und Gesellschaft I. Prismen*, *Ohne Leitbild*（Suhrkamp：Frankfurt am Main, 1977）, 30.

4. Jürgen Moltmann, *Der gekreuzigte Gott*：*Das Kreuz Christi als Grund und Kritik christlicher Theologie*（Gütersloh：Gütersloher Verlagshaus, 2016）, 174ff.

5. Hans Jonas, *Der Gottesbegriff nach Auschwitz*：*Eine jüdische Stimme*（Baden-Baden：1984）, 15f.

价是祂允许恶存在并因此而受难。[6]虽无三一论支撑，约纳斯的基本思路却和莫尔特曼相通：上帝的至善决定了祂对恶的承担，极端之恶的危害要在神性之爱的悲悯中得到抵偿。两位思想家的首要关切并非当代哲学神正论[7]意义上的论辩有效性，而是如何从各自概念传统及象征体系出发，呈现与深重罪孽相匹配的上帝至善的深度，恶构成必要背景，但不构成主要论述对象。

在二战结束之后的1948年和1950年，巴特先后出版《教会教义学》第三卷（创造论）的第二部分与第三部分。在第三部分的第五十章"上帝与虚无者"（das Nichtige）中，他处理了恶的问题，其关注点并非上帝受难，而是由基督论出发去界定恶的现实性及其显现形态。二十世纪六十年代初，阿伦特围绕耶路撒冷的艾希曼审判提出"恶的肤浅"（Banalität des Bösen）[8]，并在1965年的系列讲座"道德哲学诸问题"[9]中对其作出进一步阐发。她的出发点是判断力[10]问题，但视角却与巴特互补并交汇：从政治人类学[11]出发去界定恶的现实性及其显现形态。借助恶的现实性即

---

6. Jonas, *Der Gottesbegriff nachAuschwitz*, 46f.

7. Alvin Plantinga, *God, Freedom and Evil*（Grand Rapids/Michigan: Wm. B. Eerdmans Publishing, 1974）, 7–74.

8. Hannah Arendt, *Eichmann in Jerusalem: Ein Bericht von der Banalität des Bösen*, 12. Aufl.（München/Berlin/Zürich: Piper-Verlag, 2015）, 371.

9. Hannah Arendt, *Über das Böse: Eine Vorlesung zu Fragen der Ethik*, ed. Jerome Kohn, trans. Ursula Ludz, 5.Aufl.（München/Zürich: Piper-Verlag, 2012）.

10. Hannah Arendt, *Das Urteilen*, ed. Ronald Beiner, trans.Ursula Ludz, 3. Aufl.（München/Berlin/Zürich: Piper-Verlag, 2015）, 106ff.

11. 本文所理解的政治人类学以阿伦特在《人的境况》一书中的行动（Handeln）概念为基础，以下对该书的引用以德文版为依据，参Hannah Arendt, *Vita activa oder Vom tätigen Leben*, 14. Aufl.（München/Zürich: Piper-Verlag, 2014）, 33ff, 213ff。

其无根性（*Grundlosigkeit/Wurzellosigkeit*）[12] 这一具有强烈悖论意味的判断，巴特与阿伦特不约而同都把注意力投向了奥斯威辛背后的作恶者（*Täter*），从而与莫尔特曼和约纳斯聚焦的受害者（*Opfer*）视角形成对照。在《教会教义学》第三卷的第二部分第四十五章第二节中，巴特阐述了"人性的基本形式"（*Grundform der Menschlichkeit*）[13]。恶对人道的威胁意味着对此种基本形式的破坏，这种基本形式是休戚与共的人（*homo solidaritus*）[14] 彼此建立盟约（*Bund*）的条件。在出版于 1958 年的《人的境况》（*The Human Condition*）[15] 一书中，阿伦特阐发了相似见解：在具有深刻复数性质的生活世界中，人类彼此的承诺是盟约关系的基础，但在无根之恶中，这种构建盟约的能力消失殆尽。下文首先论述巴特和阿伦特对恶的理解，然后分析两者对休戚与共的人之间盟约关系的阐发，最后总结他们眼中恶对人道的威胁。

二、"上帝与虚无者"：
恶是虚无者对恩典拣选的无份 [16]

在《教会教理学》第三卷第三部分的前言中，巴特已声明

---

12. *Grundlosigkeit* 与 *Wurzellosigkeit* 这两个词汇的含义不同但重叠，前者指无（稳固）根基和无理由，后者指无根茎和居无定所。"无根性"这个汉语表达对应于两者的意义重叠部分。

13. Karl Barth, *Die Kirchliche Dogmatik*, III.2, 2. Aufl.（Zollikon-Zürich：Evangelischer Verlag AG, 1959），264–343.

14. 笔者把 *solidaritus* 翻译为"休戚与共"，受到李秋零教授在《信仰的回答 系统神学五十题》一书中相关翻译的启发，在此致谢，具体可参奥特、奥托编：《信仰的回答 系统神学五十题》，李秋零译，香港：道风书社，2005 年，第 166 页。

15. Hannah Arendt, *The Human Condition*, 2nd ed.（Chicago：The University of Chicago Press, 1998）.

16. Karl Barth, *Die Kirchliche Dogmatik*, III.3（Zollikon-Zürich：Evangelischer Verlag AG, 1950），407ff.

第五十章的核心是恶的问题。[17] 他没有选用"上帝与恶",而是以"上帝与虚无者"作为该章标题,原因只有一个:恶是对虚无者的限定(*Modifikation*),把握"虚无者"是理解恶的前提。什么是"虚无者"?上帝以天意统管受造世界,虚无者是创造秩序中的"陌生者"(*Fremdkörper*)[18],它不可归于创造主,亦不可归于受造物,是名副其实的"第三方"[19]。这个"第三方"的"杰作"[20] 是使人将其误认为"创造的阴影面"[21],从而协助它进行自我隐藏。在《教会教义学》第三卷第一部分的开篇,巴特从《创世记》第一章中上帝对昼夜、陆地洋海的分割出发,提出受造世界包含双重侧面:肯定性的"光明面"与否定性的"阴影面"[22],两者形成的对立结构奠定了受造世界的善与"完满性"[23]。阴影面与虚无者"毗邻"[24] 并受其"威胁"[25],但本身却并非虚无者,当虚无者被误认作创造的阴影面时,其危害性便被掩盖,虚无者便伪装成受造世界中"必要而且可被容忍的组成部分"[26]。

把握虚无者的唯一"认知基础"[27] 是道成肉身者,上帝亲自化身为受虚无者威胁与"诱惑"[28] 的受造物,并在十字架上战胜

---

17. Barth, *Die Kirchliche Dogmatik*, III.3, VI.
18. A. a. O.
19. A. a. O., 330.
20. A. a. O., 339.
21. A. a. O.
22. Karl Barth, *Die Kirchliche Dogmatik*, III.1(Zollikon-Zürich: Evangelischer Verlag AG, 1957), 130ff. 巴特此时使用的对应概念是"黑暗"(*Finsternis*)。
23. Barth, *Die Kirchliche Dogmatik*, III.3, 335.
24. A. a. O.
25. A. a. O.
26. A. a. O., 342. 比较本章注 62。
27. A. a. O., 347.
28. A. a. O., 345.

虚无者。[29] 十字架显明虚无者是上帝的"敌人"[30]，它反对、反抗上帝，同时也被上帝反对并反抗，这种作为否定者与被否定者的"双重规定性"[31] 奠定了虚无者与上帝截然相异的"现实性"[32]。虚无者不是赤裸的"无"（*Nichts*）[33]，它是上帝的拣选行为所必然蕴涵的摈弃行为的对象，处于上帝"烈怒"（*Unwille*）[34] 之下。巴特将上帝的拣选行为称为其"本己之工"（*opus proprium*）[35]，把上帝的摈弃行为界定为其"异己之工"（*opus alienum*）[36]，前者出自上帝的右手，后者出自上帝的左手，右手之工与左手之工一体两面，对应于上帝拣选与摈弃的双重性。虚无者存在，因为它是上帝异己之工针对的目标，被其"摈弃、排斥、审判"[37]，被驱离于恩典拣选之外。

从虚无者这种"独特的存在性（*Ontik*）"[38] 出发，巴特把恶定义为虚无者的"特征"（*Charakter*）[39]：恶即虚无者"陌生于恩典、对立于恩典、无份于恩典"[40]。他认为这一对恶的理解更符合奥古斯丁提出的 *malum est privatio boni*[41] 中 *privatio* 一词的本义，

---

29. A. a. O., 346.

30. A. a. O.

31. A. a. O.

32. A. a. O.

33. A. a. O., 402f.

34. A. a. O., 407.

35. A. a. O., 409.

36. A. a. O.

37. A. a. O., 375. 希克（John Hick）质疑上帝创造出虚无者这个"第三方"的必要性，他认为这里的论证仅仅只是"巴特自己充满创意和想象之心灵的一个产物"，见 John Hick, *Evil and the God of Love*（New York: Harper & Row, 1966），149。

38. Barth, *Die Kirchliche Dogmatik*, III. 3, 407.

39. A. a. O.

40. A. a. O.

41. Aurelius Augustinus, *Bekenntnisse*, trans. Joseph Bernhart（Frankfurt: Insel Verlag, 1987），339.

因为 *privatio* 不仅仅意味着静态的缺乏善，更指恶对善的腐化
（*corruptio*）以及颠倒（*conversio*），简言之，它也显现了恶的
敌对性与攻击性。[42] 巴特将这层动态的含义归纳为"劫掠"[43]：
作为虚无者对恩典的否定，恶劫掠了上帝的荣耀与权能、受造
物的救赎与权利，[44] 针对的是上帝与受造物的"全体"[45]。由于恩
典是"一切存在的根基与规范，一切善的源泉和标准"[46]，虚无
者对恩典的否定导致了恶的"反常"[47]、"虚空而无实质"[48]，它是
"谎言的真理、无权的权力、无意义的意义"[49]，其攻击性的外表
下掩盖着"无根性"（*Grundlosigkeit*）[50]。

恶的无根性根源于其与恩典的对立，更根源于上帝异己之
工的内在限制，异己之工是对本己之工暂时性的辅助与补充，
有特定的终点与目标。在十字架上，上帝发动针对虚无者的异
己之工，在基督的复活高升中，虚无者已被战胜，异己之工达
至终点。在这一神性的胜利经由基督再临而最终成为"普遍性
启示"[51] 之前，虚无者还会借助自己的"假象帝国"[52] 来威胁受
造物，其最基本的显现形态为罪[53]、灾患（*Übel*）[54] 和死亡。罪依

---

42. Barth，*Die Kirchliche Dogmatik*，III. 3，363.

43. A. a. O.，408.

44. A. a. O.

45. A. a. O.，353.

46. A. a. O.，408.

47. A. a. O.

48. A. a. O.，417.

49. A. a. O.

50. A. a. O.

51. A. a. O.，424.

52. A. a. O.

53. 参 Karl Barth，*Die Kirchliche Dogmatik*，IV.1（Zollikon-Zürich：Evangelischer Verlag AG，1953），153ff.

54. *Übel* 一词的含义丰富，主要有"坏""不适之处""受苦""疾病"和（转下页）

附于虚无者无根的"权力"[55]，罪人在其"行为与罪责"[56]中"落入"[57]虚无，为恶入侵受造世界打开"门户"[58]，然而就根本而言，恶已不足惧，因为耶稣已是"胜利者"[59]。巴特对这一胜利的强调基于其特有的双重意义上的现实主义：就虚无者与上帝的关系而言，要尽可能低估前者的威力，就虚无者与人的关系而言，要尽可能高估其威力，[60]贯穿这种双重现实主义的基本音色则是"复活节的喜悦"[61]。

通过虚无者来陈说恶，这个独特思路显露了其与古典哲学神正论的竞争关系。[62]巴特认为，迥异于哲学对恶进行"抽象"[63]而"外在"[64]的思考，神学试图具体并"内在"[65]地处理恶的问题，这意味着，对恶的把握不能脱离上帝与受造物之间（空间）

（接上页）"恶"。虽然最后一个（已经逐渐过时的）含义与 *Böse* 一词的主要含义重合，但巴特显然没有把两个词汇混同，按照奎克特（WolfKrötke）的理解，*Übel* 是人对罪之后果的经受，见 Wolf Krötke, *Sünde und Nichtiges bei Karl Barth*, 2. Aufl.（Neukirchen-Vluyn：Neukirchener Verlag, 1983），74。

55. Barth, *Die Kirchliche Dogmatik*, III.3, 434.
56. A. a. O., 347.
57. A. a. O.
58. A. a. O.
59. A. a. O., 421.
60. A. a. O., 334.
61. A. a. O., 331.
62. 巴特视莱布尼茨（Gottfried Wilhelm Leibniz）为古典哲学神正论的重要代表，他对后者提出的"神正论"（Theodizee）的主要批判在于：莱布尼茨把涵盖了痛苦、道德之恶与死亡在内的"形而上学之恶"（*metaphysische Übel*）视为受造世界"不完满性"（*Unvollkommenheit*）与"非神性"（*Nichtgöttlichkeit*）的必然结果，否则受造物就能够与上帝平起平坐。但对巴特而言，这意味他以虚无者这个概念概括的全部内涵被错误等同为创造的阴影面，因为如果"形而上学之恶"只是对上帝之完满性的缺乏（*privatio*），那么它就是受造世界必要合理的组成部分。参 Barth, *Die Kirchliche Dogmatik*, III.3, 360–365。
63. Barth, *Die Kirchliche Dogmatik*, III.3, 422.
64. A. a. O.
65. A. a. O., 423.

以及基督复活与再临之间（时间）这两个张力域。唯有在两者重合之处，即耶稣基督的死而复活之中，恶才显露出其实质：恶是上帝的恩典拣选所摈弃的虚无者对恩典的否定，在十字架上，恶早已被"打碎、审判、驳斥、消灭"[66]，它显露于基督再临之前咄咄逼人的"现实性"实为其无份于上帝恩典意志的无根性。

三、"道德哲学诸问题"：
恶是作恶者从其人格与世界中的拔根

为二十世纪政治理论留下"恶的肤浅"这个著名概念的阿伦特同样强调恶的无根性，但视角并非虚无者在上帝拣选意志中的无份，而是作恶者从其人格与生活世界中的拔根（*Entwurzlung*）。众所周知，《艾希曼在耶路撒冷》（*Eichmann in Jerusalem*）未对"恶的肤浅"这一打上阿伦特深刻直觉烙印的概念给出定义，从而引发激烈争议[67]与海量误读。"人人心中皆有一个艾希曼"这个经典误读便忽视了"肤浅"（*Banalität*）与"寻常性"（*Gewöhnlichkeit*）之间的根本差异，汉语译名"恶的平庸"也助推了我们对两者的混淆。六十年代中期之后，对这一概念内涵的澄清伴随并深化了阿伦特的诸多重大理论思考，她发表于纽约新社会研究所（The New School for Social Research）的系列讲座"道德哲学诸问题"构成关键一环。

早在 1950 年，阿伦特的《思想日记》（*Denktagbuch 1950–*

---

66. A. a. O., 424.
67. 参蒙森（Hans Mommsen）对争议的总结，Arendt, *Eichmann in Jerusalem*, 9–48。

1973）中已出现"根本之恶"（*radikales Böse*）[68]这个概念，它源出于康德的《单纯理性限度内的宗教》（*Die Religion innerhalb der Grenzen der bloßen Vernunft*）[69]，指人性之中作恶的"自然倾向"（*natürlicher Hang*）[70]。区别于康德，阿伦特强调了根本之恶的极端性（*extrem*），以至于人绝无可能与之和解。[71]《艾希曼在耶路撒冷》提出与根本之恶意义相反的肤浅之恶，标志着阿伦特对恶的理解发生转变。她借助 *radikal* 的拉丁词源 *radix* 暗示了转变的要害：*radix* 的核心含义是根基（*Wurzel*），作为根本之恶的对立面，肤浅之恶是无根的。如何理解肤浅之恶的无根？作为对艾希曼个人印象的概括，这个概念本身表达了阿伦特对如下悖论性张力的震惊：恶行的骇人听闻与作恶者的庸常无奇。艾希曼间接屠杀数百万犹太人的恶行之中并不包含堕落天使般邪恶的犯罪意志，他只是在履行职务职责。耶路撒冷审判展现的此种"新型刑事犯罪类型"[72]事实上成为对战后世人心目中第三帝国的"去妖魔化"[73]，因为占据艾希曼心灵的显然并非那只"来自深渊之兽"[74]，而是一种"令人愤怒的愚蠢"[75]，这种愚蠢与专业技能或智力程度无涉，它是肤浅之恶的基本特征。

68. Hannah Arendt, *Denktagebuch 1950–1973*, Bd.1, ed.Ursula Ludz and Ingeborg Nordmann（München：Piper Verlag, 2002）, 7.

69. Immanuel Kant, *Die Religion innerhalb der Grenzen der bloßen Vernunft*, ed. Bettina Stangneth（Hamburg：Felix Meiner Verlag, 2003）, 40.

70. A. a. O.

71. Arendt, *Denktagbuch 1950–1973*, 7.

72. Hannah Arendt and Joachim Fest, *Eichmann war von empörender Dummheit：Gespräche und Briefe*（München：Piper-Verlag, 2011）, 39.

73. A. a. O., 41.

74. A. a. O., 39. 比较《启示录》第20章。

75. A. a. O., 43.

阿伦特一再强调艾希曼的愚蠢，正是意图由此切入，从两个互补角度揭示肤浅之恶的无根性。[76]

第一个角度是苏格拉底在对话录《高尔吉亚篇》(*Gorgias*)中的两句话："承受恶比作恶更好"(474b) 和 "对我而言……无论多少人和我不一致，都要好过在我这个单一者 (ἐμὲ ἐμαυτῷ) 之内有不和谐与自相矛盾"(482bc)。阿伦特指出，理解第一句话的关键是如何诠释第二句话中的 "我这个单一者"。"我"的单一性指 "我"与"自我"在对话[77]中的和谐，它是具有内在复数性的 "二合一"(*Zwei in einem*)[78]，为 "非认知性、非专业性"[79]、人人可及的日常思想活动奠定了基础。在我反躬自问时，便脱离行动领域，进入与自我的无声交流。为什么 "承受恶比作恶更好"？因为作恶将使我陷入不得不与作恶者为伍的窘境，对我与自我失去内在协和[80]的忧心，奠定了这句格言对少数依循内心之人的约束力。我与自我因恶行而产生的矛盾造成 "我"这个单一者的解体，在阿伦特看来，这个解体意味着思想活动

---

76. 阿伦特无意以此来表达自己在智识上的优越感，并由于这种 "高傲"而被艾希曼的表演蒙骗，但这的确是《艾希曼在耶路撒冷》一书为人误解诟病的主要原因之一。参 Arendt and Fest, *Eichmann war von empörender Dummheit*, 113ff.。

77. 在此需要注意的是，阿伦特对 "我"与"自我"之间的 "二合一"结构没有提供知识论意义上的解说，她的论述框架是柏拉图早期对话录中苏格拉底展现出的思想的动态对话性。

78. Hannah Arendt, *Vom Leben des Geistes: Das Denken, Das Wollen*, ed. Mary McCarthy, trans. Hermann Vetter, 8. Aufl. (München: Piper-Verlag, 2015), 179ff.

79. A. a. O., 190.

80. 亚里士多德在《尼各马科伦理学》第九卷第四节 "论与自我的友谊和与他人的友谊"中，论述了对良善之人与其自我的友谊，以及作恶之人在这种与其自我的友谊上的缺乏，这同样构成阿伦特这里的讨论基础，她频繁提到的亚里士多德提出的 "朋友就是另一个自我"同样出现在这一节中。参 Aristoteles, *Nikomanische Ethik*, ed. and trans. Ursula Wolf, 5. Aufl. (Reinbeck bei Hamburg: Rowohlt Verlag, 2015), 291f.。

的中止，而思想的中止则导致其通过持续的"合二为一"构造出的人格（Person）[81]的消失。艾希曼的愚蠢在于他无法进入独处时我与自我的对话，进行合二为一的思想活动，其行为背后不存在可被宽恕的人格[82]，只有可怖的"无人"[83]之恶。肤浅之恶的无根性是作恶者从其人格中的拔根。

第二个角度是康德的《判断力批判》(*Kritik der Urteilskraft*)第四十节中的共通感（*sensus communis*）[84]与品味判断（*Geschmacksurteil*）的内在关联。[85]阿伦特遵循康德对共通感的理解，将之界定为"把我们和他人协调为共同体的感觉"[86]，共通感意味着人要"将自身置于每一个他者的位置"[87]，而这预设一种"被扩展了的思想方式"[88]，以至于人能够借助想象力[89]使不在场的他者出现于心灵之中。共通感对人类潜在共同体的这种指向使其成为"判断力之母"[90]，因为判断所追求的主观的普遍有效性要求判断者考虑并整合（所有）他者的判断，而这取决于判断者在何种程度上能将自身感知为人类文明共同体[91]的组成部分。建基于共通感之上的判断力关联起判断者与（所有）他者，从而使判断者扎根于生活世界的复数性（*Pluralität*）：世

---

81. Arendt, *Über das Böse*, 77.
82. A. a. O., 78.
83. A. a. O., 101.
84. Immanuel Kant, *Kritik der Urteilskraft*, 3. Aufl. (Hamburg: Felix Meiner Verlag, 2009), 173ff.
85. Arendt, *Das Urteilen*, 106ff.
86. Arendt, *Über das Böse*, 140.
87. Kant, *Kritik der Urteilskraft*, 174.
88. A. a. O., 176.
89. Arendt, *Über das Böse*, 141.
90. A. a. O., 143.
91. A. a. O., 141ff.

界"只存在于其视野的多重性之内"[92]。艾希曼的愚蠢在于其共通感与判断力的匮乏，无法感受他者所代表的多重视野[93]及其现实[94]，肤浅之恶的无根性也是作恶者从其世界中的拔根。

奥斯威辛史无前例地展示了恶的现实性及其毁灭性特征。恶的现实性即其无根性，这个判断概括了巴特与阿伦特对奥斯威辛的相似感受[95]：恶的声势滔天及其虚空无物。巴特从上帝体现在基督之中的拣选意志出发，把恶界定为虚无者对恩典的抗拒与无份；阿伦特以人格与世界为起点，将恶理解为对两者复数结构的剥夺。前者强调恶在上帝恩典意志中的无根，后者突出恶在人格以及世界中的无根，两者虽然出发点全然不同，却对人道[96]因无根之恶而经受的威胁见解相似：人道的标志是休戚与共，无根之恶使人彼此之间陷入孤立，人与邻人（*Mitmenschen*）丧失建立盟约的条件。

四、"人性的基本形式"：人道的标志及其危机

在《教会教义学》第三卷第二部分中，巴特指出，二战的历史经验使得此后所有关于人性的考察和反思都无法回避一个基本视角，那就是"邻人的权利、尊严与神圣性"[97]。没有邻人

---

92. Arendt，*Vita activa oder Vom tätigen Leben*，73.

93. Arendt and Fest，*Eichmann war von empörender Dummheit*，44ff.

94. 在《人的境况》中，阿伦特把近代以来共通感的丧失视为以笛卡尔（René Descartes）为代表的反思哲学出现的思想前提，见 Arendt，*Vita activa oder Vomtä tigen Leben*，355ff.。

95. 值得注意的是，两者的理论探索在战后知识界引发类似误解，巴特的"恩典的凯旋"与阿伦特的"恶之肤浅"皆被指责为傲慢冷酷，无视受害者的痛苦。

96. 需要注意的是，巴特经常把 Humanität、Menschlichkeit（一般译为"人性"）以及 menschliche Geschöpflichkeit（一般译为"人的受造性"）三者等同起来，参 Barth，*Die Kirchliche Dogmatik*，III.2，269。

97. Barth，*Die Kirchliche Dogmatik*，III.2，273.

的共在，人性无法存立，人道意味着人的存在成为"一种在与他人相遇中的存在"[98]。巴特对神学人类学的思考同样是基督中心论式的，其标准是"作为人的耶稣的人性"[99]，人的人性存立与否之所以无法脱离邻人，这是因为基督作为"真正的人"[100]，其人性首先体现在祂是"为了他人的人"[101]，基督的人性与邻人处于一种真实的"休戚与共"[102]之中。对巴特而言，这是基督人性的"奥秘"[103]，这奥秘最终"根源于上帝自身的奥秘"[104]：上帝是一个"为了人的上帝"[105]，祂内在所蕴涵的三一之间的同在[106]和"相互为了对方的存在"[107]在基督的人性中被"重复和摹仿"[108]，作为上帝与人所立订的"永恒盟约"[109]，基督为了邻人的存在符应于"上帝的本质及其内在的存在"[110]，正是在此意义上，祂的人性是"上帝的形象"[111]。巴特指出，神学人论的"合理基础"[112]是以下两者之间的"对应与类似"（*Entsprechung und Ähnlichkeit*）[113]，或者说类比（*Gleichnis*）[114]关系：人的受造

---

98. A. a. O., 296.

99. A. a. O.

100. A. a. O., 158.

101. A. a. O.

102. A. a. O., 251.

103. A. a. O., 260.

104. A. a. O.

105. A. a. O.

106. 巴特这里也把三一分别称为"永恒的爱者""永恒的被爱者"和"永恒的爱"，见 Barth, *Die Kirchliche Dogmatik*, III.2, 261。

107. Barth, *Die Kirchliche Dogmatik*, III.2, 260.

108. A. a. O., 261.

109. A. a. O.

110. A. a. O., 263.

111. A. a. O., 261.

112. A. a. O., 264.

113. A. a. O., 268.

114. A. a. O., 260.

性（*Geschöpflichkeit*）与人自上而下被上帝确立为其盟约伙伴这个天命（*Bestimmung*）[115]之间的类比关系，人的人性与耶稣基督的人性之间的类比关系，在每一个类比关系中，前者都要符应后者，而不是反过来让后者符应前者。为人所特有，且能体现其人性的存在形态之所以是在与邻人的"相遇中的存在"，这首先是因为上帝在基督为了邻人的存在中将自身展现为一个"为了人的上帝"。

由此出发，巴特在"人性的基本形式"一节中阐述了作为人道标志的"相遇中的存在"[116]（*Sein in der Begegnung*）具有的四个基本内涵。首先，相遇中的存在意味着"一个人和另外一个人目光对视"[117]，相互作为对方的邻人而被看见，眼部视觉"全部的人性意义"[118]正在于此。从看见与被看见这个角度出发，相遇中的存在是在面向他人和为了他人的双向"开放性"[119]中的存在，这种开放性是"人道的第一个环节"[120]，与之相反的"非人道"[121]源于双向的不可见与封闭性。其次，相遇中的存在意味着人与人相互交谈与倾听。语言的人性意义在于，对话双方借助口和耳这两个器官向对方陈明自身并表达诉求，与视觉

---

115. 巴特对 *Bestimmung* 这个词汇的使用较为复杂，在绝大多数情况下，它指人被上帝立为盟约伙伴这个自上而下的规定性。然而，巴特有时也认为，在人与上帝的盟约历史中要区分人的两种 *Betimmungen*，一个是人被"出于罪的不可理解的行为"所规定，另一个是人被"发源于神性慈悲的更加不可理解的行为"所规定。参 Barth, *Die Kirchliche Dogmatik*, III.2, 333。

116. Barth, *Die Kirchliche Dogmatik*, III.2, 299.

117. A. a. O.

118. A. a. O., 300.

119. A. a. O.

120. A. a. O.

121. A. a. O., 302.

意义上的双向开放相比，对话交流高出了一个层次。因为仅仅是相互看见并不必然意味着双方能够真正接近对方，继而真正相遇，但对话使人与邻人有实现双向沟通的可能，真正的对话总是意味着以言语为工具去"寻找对方、帮助对方"[122]，继而打开介于自己和邻人之间要"共同活出的生命"[123]。再次，相遇中的存在意味着人与邻人在行动中的相互扶持，这是高于前两个层次的第三层次。人与邻人之间相互看见并进入对话，在此基础之上，他们也向对方发出求助的呼唤，而且彼此接受对方呼唤。人需要邻人的帮助与支持，仿佛"鱼需要水"[124]，不需要邻人帮助的人与不回应邻人呼唤的人彻底背离了人性，他们是"空洞的主体"[125]，蜕变为"虚无的本质"（*nichtiges Wesen*）[126]。人固然不能像基督那样成为彻底为了他人的存在，但对应于这种存在，人与邻人之间需要行动中的相互支持、鼓励与安慰，而非"孤独和固执于孤独"[127]。

最后，作为人道的最高层次，相遇中的存在意味着人与邻人"乐意"（*gerne*）[128]相视而见，乐意彼此交谈，乐意相互扶持，这个乐意构成了前三个层次的"动力、实质与灵魂"[129]。乐意的核心是"人内在于其本质且自由的自我限定"[130]，自由则是

---

122. A. a. O., 311.
123. A. a. O., 308.
124. A. a. O., 315.
125. A. a. O., 317.
126. A. a. O.
127. A. a. O., 314.
128. A. a. O., 318.
129. A. a. O., 319.
130. A. a. O., 321.

一个"充满生机的中心"[131]，统辖着人与邻人在相遇中的存在。人与邻人的相遇以差异为前提，以保持差异为旨归，"我不同于你，但与你同在"[132]，消弭界线或彼此失去自我都意味着人的"一次性与不可替代性"[133] 的瓦解。一方面，人不隶属于邻人（虽然他离不开邻人），因为"隶属即不自由"[134]，另一方面，人不能陷入自我中心，把邻人变为扩张自身存在的工具，在人与邻人符合人道的自由的相遇中，他们对于彼此而言既非僭主亦非奴隶，而是"同行者、伙伴、同志、同路人和助手"[135]。这些自由且平等的人之间才可能存在着彼此的发现，相互的肯定和选择以及"共同的喜悦"[136]，在这个以自由为特征的共同体之中，人道成为发生于人与邻人之间具有盟约特征的"事件"（*Ereignis*）[137]。

按照巴特的理解，人道本身包含两个奥秘，一大一小。大的奥秘涉及人与上帝在垂直意义上的盟约关系，人自上而下被确立为上帝的盟约伙伴，他从属于上帝，上帝则在基督之中成为"为了人的上帝"。小的奥秘与大的奥秘相对应，指向人与邻人在水平意义上的盟约关系。这个小的奥秘有其独立意义，它体现在人是这个自由的盟约关系的"承担者、管理者与守护者"[138]，他与邻人之间的休戚与共要一再重新通过行动而得以验

---

131. A. a. O., 324.
132. A. a. O., 322.
133. A. a. O., 325.
134. A. a. O., 324.
135. A. a. O., 326.
136. A. a. O., 327.
137. A. a. O., 326.
138. A. a. O., 317.

证。巴特强调，这并非是在为人性和人道设定某种更高理想或德性目标，相反，这个双重奥秘是人的基本处境和"关于真实的人的现实主义图像"[139]。偏离这一处境，背离这一图像，人将败坏自己良善的受造本性（*Natur*）[140]，在"良善中并且作为良善者失去上帝"[141]，加入虚无者对恩典的抗拒，成为"服务于恶"[142]的罪人。作为罪人，尽管他无法改变上帝使其成为盟约伙伴的永恒决定，但却不断从这种垂直意义上的盟约关系中逃避。[143]这种逃避威胁着罪人与其邻人在水平意义上的盟约关系，它使罪人与其邻人相互之间无法真实显现，无法在交谈中相互敞开，无法在行动中彼此支持，无法形成平等自由的盟约关系，彼此孤立，继而彼此为敌。

在巴特看来，哲学家尼采代表了此种"没有邻人"[144]的孤独之人及其对休戚与共的逃避。在《教会教义学》第四卷"和解论伦理学"遗稿中，巴特把这种对垂直与水平盟约关系的逃避或背离及其招致的人道威胁最终表述为"无主之力"（*herrenlose Gewalt*）[145]对人的操控。疏离邻人的人陷入"自我疏离"[146]，

---

139. A. a. O.

140. 限于篇幅，在此无法详细展开巴特在整个和解框架内对罪的系统性阐述，尤其是高傲（*Hochmut*）、怠惰（*Trägheit*）和谎言（*Lüge*）作为罪的经典形态。

141. Barth，*Die Kirchliche Dogmatik*，IV.1，549.

142. A. a. O.

143. 巴特正是在这个意义上把虚无者称为是"逃逸的阴影"（*fliehender Schatten*），这是一个非常经典的表达，见 Barth，*Die Kirchliche Dogmatik*，III.3，417。

144. Barth，*Die Kirchliche Dogmatik*，III.2，277. 巴特用一个长达十四页的脚注详细分析了尼采在《看，这个人》（*Ecce homo*）中所阐发的"没有邻人"的孤独之人，以及他在此基础之上对基督教的拒绝。

145. Karl Barth，*Das christliche Leben：Die Kirchliche Dogmatik，IV.4，Fragmente aus dem Nachlass，Vorlesungen 1959-1961*，ed. Hans-Antons Drewes and Eberhard Jüngel（Zürich：Theologelischer Verlag，1976），366.

146. A. a. O.，363.

"以无主（herrenlos）的方式去思想，去言谈，去行动，去生存"[147]，把"真理之力和生命之力"[148]转变为"谎言之力和死亡之力"[149]，并受其掌控。"无主之力"概括了与人的"受造本性"[150]相符之力的这种灾难性的变质，尽管它并非"本体意义上独立于上帝的力量"[151]，但作为"非位格性的绝对者"（unpersönliche Absolutismen）[152]仍能深刻影响历史的发展。在巴特的术语体系中，"无主之力"尽管晚出，但直接对应"虚无者"，是后者在力量层面的表达。在人对垂直意义上的盟约关系的逃避中，虚无者"反人性，敌视人性"[153]的"无主之力"占据上风，威胁作为人道标志的"相遇中的存在"。

五、《人的境况》：行动、盟约与权力

阿伦特同样认为，没有邻人的孤独之人无缘于人道，人道的存续取决于是否能让自己的生命与人格经受"公共性的冒险"[154]。1961年的耶路撒冷审判之所以具有重大意义，这是因为它揭示了艾希曼所代表的"新型刑事犯罪类型"对"人类多样性"[155]的侵犯。艾希曼虽不具备针对特定犹太人的主观犯罪

---

147. A. a. O., 364.
148. Karl Barth, *Die Kirchliche Dogmatik*, III.4, 2. Aufl.（Zollikon-Zürich：Evangelischer Verlag AG, 1957）, 446.
149. A. a. O., 447.
150. Barth, *Das christliche Leben*, 366.
151. A. a. O.
152. A. a. O., 372.
153. A. a. O., 397.
154. Hannah Arendt, *Menschen in finsteren Zeiten*, ed. Ursula Ludz, 2. Aufl.（München/Zürich：Piper-Verlag 1989）, 89.
155. Arendt, *Eichmann in Jerusalem*, 391.

意图，[156] 但他经历了从自身人格与生活世界的双重拔根，拔根的实质是人格和生活世界内在复数性的被剥夺。在这种被剥夺状态中，肤浅之恶显现为艾希曼的选择性失忆（思想是对所作所为具有对话性质的回想 [157]）、冷漠 [158]、无界限 [159] 和友谊 [160] 的丧失，而记忆、热诚、对差异的尊重，以及与他者分享生命恰恰奠定了人道的意义 [161]，对人道的攻击是判定艾希曼客观罪责 [162] 的法律根基。耶路撒冷审判揭示出，艾希曼已变形为一个匿名性齿轮。"司法审判的伟大之处" [163] 在于它逆转了这一变形过程，揭示出"犹太人问题专家"艾希曼人之为人的特性已彻底丧失。在无根的肤浅之恶中，他脱离与邻人的休戚与共，不再透过行动与言语显现自己，并让邻人自我显现，不再借助承诺与邻人建立盟约，彻底成为人道之敌。

阿伦特二十世纪六十年代之后的思想变化深受艾希曼审判的影响。1973 年，她在吉福德讲座（Gifford Lectures）中明确指出，参与艾希曼审判的庭审过程和对肤浅之恶的发现直接促使自己反省"精神活动" [164] 所蕴含的实践后果。她从两个角度

---

156. 对主观犯罪意图的强调是德国十九世纪刑法学传统（尤其是 1897 年刑法典）的基本特色。

157. Arendt, *Über das Böse*, 86.

158. A. a. O., 150. 事不关己的冷漠也是巴特神学重要的批判对象，在本文所阐述的"相遇中的存在"的第四个层次中，巴特批判的核心之一就是介于"乐意"和"不乐意"之间事不关己的"中立"（neutral），参 Barth, *Die Kirchliche Dogmatik*, III.2, 320f.。

159. Barth, *Die Kirchliche Dogmatik*, III.2, 320f.

160. Arendt, *Menschen in finsteren Zeiten*, 40ff.

161. Arendt, *Das Urteilen*, 119.

162. 在这一点上，阿伦特显然是战后纽伦堡审判传统的坚定追随者。

163. Arendt and Fest, *Eichmann war von empörender Dummheit*, 54.

164. Arendt, *Vom Leben des Geistes*, 13ff.

对肤浅之恶及其无根性的分析分别对应"精神活动"中的思想与判断。就根本而言，阿伦特对肤浅之恶的深入解剖源于其核心构想"诞生性"（natality）[165]，人类不断出生的事实使得人特有的存在成为"人际之间的存在"（*inter homines esse*）[166]，诞生性是这一居间性存在的本体论基础。在《人的境况》中，阿伦特区分了两类"诞生性"，第一类是以婴儿诞生为标志的生物学意义上的"诞生性"，第二类是以开创性的行动与言说为标志的"诞生性"。行动和言说共同揭示人格的特质，人格透过这种行动和言说在世界中的显现是人的"第二次诞生"[167]，第二类"诞生性"是对第一类"诞生性"的回应，两类"诞生性"都意味着新开端（*initium*）的出现，人之为人的特质即引发新开端的行动能力。西方现代性以地理大发现、宗教改革和望远镜的发明为开端，终结于人类行动能力的萎缩，这一历史过程的最终胜利者是"劳动动物"[168]，而通过实验活动发现宇宙普遍规律的自然科学家们则成为硕果仅存的行动者，尽管他们的行动无法"揭示人格"[169]，而且把行动的风险引入人类居住的地球。对阿伦特而言，肤浅之恶无法改变人类在生物学意义上的"诞生性"，但却会严重侵蚀以行动能力为标志的第二类"诞生性"。

人之为人即在于引发新开端，作为开创者，人同时也经受行动的过程及后果。区别于阿伦特术语体系里循环往复

---

165. Arendt, *Vita activa oder Vom tätigen Leben*, 316.

166. A. a. O., 251ff.

167. A. a. O., 215.

168. A. a. O., 407.

169. A. a. O., 413.

的生物性"劳作"（*Arbeiten*）和有始有终的工匠式"制作"（*Herstellen*），行动仿佛一道射线，有特定的起点，但终点不可预见，而且过程不可逆转，这两点奠定了内在于行动的困境与风险，阿伦特从行动的风险出发，对十七世纪以降以洛克（John Locke）为代表的古典契约论传统[170]作出了新的论述。应对过程之不可逆转的人类能力是宽恕，唯有借助彼此宽恕，才能从后果中得解放，宽恕不同于报复，后者仍被束缚于后果之内，前者却主动终止了因果链条的延续，开创了新的起点，在这个意义上，宽恕是一种自由的"反向行动"（*Reaktion*）[171]。行动的风险即其后果的不可预见，阿伦特认为，应对风险的人类能力是"承诺"（*Versprechen*）和奠基于承诺之上的盟约。古典契约论传统显示了交互性承诺对"确保将来"[172]的重大意义，承诺是一种凝聚性"力量"[173]，最终体现于盟约的订立。在为了驱散未来之不确定性而订立的盟约中，作为潜能的权力（*potentia*）被现实化和当下化。作为一种与行动相关、依赖世界复数性的潜能，权力只存在于其潜能被不断现实化[174]和当下化（*Aktualisierung*）之中，这是其脆弱性以及有限性的根源。以美国革命为例，阿伦特强调各联邦州的"诸基层共和国"（*Elementar-Republiken*）[175]与由其构成的共和政体之间的内在张

---

170. Hannah Arendt, *Über die Revolution*, 5.Aufl.（München/Berlin/Zürich：Piper-Verlag, 2015), 220ff.

171. Arendt, *Vita activa oder Vomt ätigen Leben*, 307.

172. A. a. O., 311.

173. A. a. O., 313.

174. A. a. O., 252.

175. Arendt, *Über die Revolution*, 360.

力，并以此来解析作为潜能的权力及其制度化之间的矛盾。行动的风险、交互性承诺，以及交往性权力观，三者都是对"诞生性"哲学的具体落实，在阿伦特看来，艾希曼审判揭示的肤浅之恶对这三者都构成了根本性威胁。

六、结　语

巴特与阿伦特在邻人问题上见解相似，并非偶然，这根源于十六、十七世纪的盟约神学与其后继者古典契约论之间的内在亲缘。没有盟约神学[176]的思想预备，古典契约论[177]则成为无本之木，巴特和阿伦特对人与邻人关系的理解显示出盟约神学与古典契约论在深层结构上的类同性，这也是他们在人道观上殊途同归的基础所在。人道即休戚与共，在巴特那里，人与邻人休戚与共的前提是上帝与人的休戚与共；在阿伦特这里，人与邻人休戚与共的根基是人类的多样性与生活世界的复数性。邻人之所以具有不可让渡的"权利、尊严与神圣性"，这首先因为他是跟我一样诞生于这个世界的平等的自由人和潜在的盟约伙伴，在这个盟约伙伴的"权利、尊严与神圣性"被损毁之处，我的"权利、尊严与神圣性"也将荡然无存，我与邻人的休戚与共蕴涵了一个指向人的"权利、尊严与神圣性"的伦理共同体，正是基于这个伦理共同体的问题意识塑造了巴特与阿

---

176. 比如对巴特至关重要的盟约神学家布林格（Heinrich Bullinger）和科契尤（Johannes Cocceius）。

177. 参维梯（John Witte）针对启蒙宗教观建立的精彩反叙事：John Witte, *The Reformation of Rights：Law，Religion and Human Rights in Early Modern Calvinism*（Cambridge：Cambridge University Press，2008）。

伦特理解无根之恶的理论视角。以巴特的神学语汇言之，理解无根之恶的恰切语境是其已被战，这一胜利是恩典之凯旋，而复活节标志着新创造的开始，其慰藉（Zuspruch）同时亦是要求（Anspruch）；以阿伦特的政治哲学观之，无根之恶提示着自我整合的必要性，以及与邻人在休戚与共中形成盟约关系的必要性，两者意味着要直面无根之恶对自我与世界的瓦解，并选择在两者之中扎根。

第三章

博士论文简介：《面向终末的生命——卡尔·巴特与爱德华·图爱森早期著作中的陀思妥耶夫斯基（1915 年至 1923 年）》[*]

在《〈罗马书〉释义（第二版）》前言中，卡尔·巴特提及修订该书初版的四个因素[1]，其中对陀思妥耶夫斯基与克尔凯郭尔的阅读被视为因素之一。这个言之凿凿的判断左右了后世研究者在理解陀思妥耶夫斯基与辩证神学关系上的基本进路，即重构陀思妥耶夫斯基对《〈罗马书〉释义（第二版）》乃至早期巴特究竟产生何种观念性影响。2010 年，瑞士苏黎世神学出版社推出《〈罗马书〉释义（第二版）》学术校勘本，标志着国际辩证神学研究步入一个崭新阶段，与此同时，德语学界对这部经典著作的历史研究也日益聚焦于巴特与同代神学流派及文化

---

* 本章原刊于《基督教文化学刊》41（2019）：270-280。
1. Barth, *Der Römerbrief*（Zweite Fassung）1922, 7.

思潮之间的对话关系，在这个晚近逐渐形成的研究路向中，笔者构思并完成博士论文《面向终末的生命——卡尔·巴特与爱德华·图爱森早期著作中的陀思妥耶夫斯基（1915 年至 1923 年）》[2]，对陀思妥耶夫斯基与早期辩证神学的关系以及《〈罗马书〉释义（第二版）》的内在结构[3] 提出了新见解。

论文采用的方法是德语学界常见的发展史重构（ *entwicklungsgeschichtliche Rekonstruktion* ），侧重于在文本分析的基础上展现研究对象变化发展的脉络。笔者将这一方法运用到解析《〈罗马书〉释义（第二版）》所包含的终末性"透视主义"（ *Perspektivismus* ）这一问题上，入手点为巴特与其思想伙伴爱德华·图爱森（Eduard Thurneysen）1915 年至 1923 年对陀思妥耶夫斯基的解读，处理的文本类型涵盖书信、讲章、报刊文章、授课讲义、论文与论著。该论文共由五章构成，标题依次为"终末论与生命""第一阶段（1915 年至 1919 年初）""第二阶段（1919 年底至 1921 年）""第三阶段（1922 年至 1923 年）"与"批判性评估"。

论文第一章着重分析了巴特的终末论概念与生命概念在 1919 年至 1922 年间的渐变过程，指出两者的内在关联最终落

---

2. Hong Liang, *Leben vor den letzten Dingen：Die Dostojewski-Rezeption im frühen Werk von Karl Barth und Eduard Thurneysen（1915–1923）*（Neukirchen-Vluyn：Neukirchener Verlag, 2016）.

3. 论文第一指导教授莫尔特曼与第二指导教授施威博（Christoph Schwöbel）评分均为最优等（ *summa cum laude* ）。该论文 2016 年 4 月由德国 *Neukirchener* 出版社出版，先后获得图宾根大学 2015 至 2016 学年最佳博士论文与博士考试奖（ *Promotionspreis* 2016）、2017 年度恩斯特·伍尔夫双年奖（ *Ernst Wolf Preis* 2017）和 2017 年度曼弗雷德·劳滕施莱格奖青年学者奖（ *Manfred Lautenschlaeger Award for Theological Promise* 2017）。

实于"面向终末的生命"（*Leben vor den letzten Dingen*）这一贯穿《〈罗马书〉释义（第二版）》终末论及其解释学原则的神学人类学概念。[4] 按巴特本人的表述，这一所谓"面向终末的生命"即"与上帝相关的生命，处于审判和应许之下的生命，虽以死亡为特征，却又通过作为永生之希望的基督之死获得资格的生命"[5]，生命现象的特征在于它持续超出自身，指向作为生命之危机与拯救的上帝，辩证神学蕴含"生命神学"（*Lebenstheologie*）的向度。这一章主要分析了巴特的三篇重要早期论文，《社会中的基督徒》（Der Christ in der Gesellschaft，1919）、《对当今神学的未解之问》（Unerledigte Anfragen an die heutige Theologie，1920）、《圣经的问题、洞见与展望》（Biblische Fragen，Einsichten und Ausblicke，1920），以及《〈罗马书〉释义（第二版）》（1922）。

论文第二章首先梳理了图爱森与巴特的通信对理解早期巴特思想的意义，以及这些通信的编纂工作经历的四个阶段；其次，分析巴特1915年至1919年提及陀思妥耶夫斯基的三封信件；然后，以此为线索解读巴特1919年初的两篇论文《布尔什维克主义》（Bolschewismus）与《1917年俄国革命》（Die russische Revolution 1917），指出巴特和图爱森此时对陀思妥耶夫斯基的理解与俄国革命及俄国性两个问题语境密不可分，这也是当时德语知识界的主流认知模式。在实地考察位于瑞士巴塞尔的巴特档案馆（Karl Barth-Archiv）和巴塞尔大学图书馆馆

---

4. Hong Liang, *Leben vor den letzten Dingen*，52–61.

5. Barth, *Der Römerbrief*（Zweite Fassung）1922，683.

藏资料的基础上，笔者在该章最后一部分重构了巴特与图爱森涉及陀思妥耶夫斯基的藏书目录，评估了两者对这位俄国作家生平与著作的熟悉程度，以及他们对二十世纪初期德语世界陀思妥耶夫斯基研究状况的了解程度。[6]

第三章构成全书重心。本章首先分四阶段梳理巴特与图爱森在这一时段的三十五封通信和一张明信片，这些文本生动记载了巴特和图爱森如何从俄国革命与俄国性的理解框架中挣脱出来，逐渐形成以"面向终末的生命"为核心的解读方向。[7] 值得注意的是，1921 年 4 月之后，图爱森在同名演讲[8]的基础之上开始写作《陀思妥耶夫斯基》(*Dostojewski*)[9]一书，在此过程中，他不仅继续承担着对巴特《〈罗马书〉释义（第二版）》初稿的审校与润色任务，[10] 更把自己对形成中的《〈罗马书〉释义

---

6. Hong Liang, *Leben vor den letzten Dingen*, 78–82.

7. A. a. O., 85–118. 2015 年托尔斯塔雅（Katja Tolstaja）博士编辑出版了这些书信：Eduard Thurneysen, "*Das Römerbriefmanuskript habe ich gelesen*": *Eduard Thurneysens gesammelte Briefe und Kommentare aus der Entstehungszeit von Karl Barths Römerbrief II*（*1920–1921*）(Zürich: Theologischer Verlag, 2015)。

8. 这篇演讲图爱森发表于 1921 年 4 月 25 日，但演讲底稿已经遗失。

9. Eduard Thurneysen, *Dostojewski* (München: Chr. Kaiser Verlag, 1921).

10. 在写作《〈罗马书〉释义（第二版）》(1922) 期间，巴特对图爱森提出的修改建议大都直接采纳。比如巴特在诠释《罗马书》第 14–15 章的文字中有这样一段话："我们在《罗马书》的结尾（就像在陀思妥耶夫斯基小说的结局那样）只会被重新放置在生活（也包括基督徒的生活和基督徒的团契生活！）所包含的无法看透的困境中，找不到出路，只能再次从头开始，重新审视我们关于上帝的谈论把我们逼入的困境。"这一段的原文为："*Nur aufs Neue werden wir am Ausgang des Römerbriefs*（*wie etwaauch am Ausgang der Romane Dostojewskis*）*vor die undurchdringliche Problematik des Lebens*（*auch des christlichen und des christlichen Gemeindelebens!*）*gestellt, auf dass wir keinen Ausgang finden, sondern erst recht wieder von vorne anfangen, nur immer neu die Bedrängnis sehen sollen, in die uns unser Gespräch über Gott gedrängt hat.*" 见 Barth, *Der Römerbrief* (Zweite Fassung) 1922, 674。如果参考图爱森 1921 年 9 月 22 日写给巴特的信，可以发现他给巴特提出的修改建议与书中文段惊人地类似："这里有没有可能以及是否合适提一下陀思妥耶夫斯基？大致可以（转下页）

（第二版）》的理解写入自己的《陀思妥耶夫斯基》；而这本书在 1921 年 7 月正式成书出版之后，又反过来给继续写作《〈罗马书〉释义（第二版）》的巴特以灵感。

除书信以外，论文第三章处理的其他文本主要包括巴特的论文《社会中的基督徒》，两篇讲章与论著《〈罗马书〉释义（第二版）》，图爱森的论文《宣讲的任务》（*Die Aufgabe der Predigt*）和论著《陀思妥耶夫斯基》。在分析完巴特与图爱森这一时期的通信之后，本章依次解析了巴特在《社会中的基督徒》和两篇讲章中对陀思妥耶夫斯基的解读，然后聚焦于《〈罗马书〉释义（第二版）》正文中涉及陀思妥耶夫斯基的三十处引证性或影射性段落。这些文段表明，巴特对这位俄国作家及其作品的提及大多为行文需要，具有高度随机性，而且，与同期的陀思妥耶夫斯基研究者类似，他倾向于把作家本人直接等同于其所创造的人物形象；唯一例外是《卡拉马佐夫兄弟》中的"宗教大法官"，《〈罗马书〉释义（第二版）》中涉及这个人物形象的文段有九处之多。对巴特而言，"宗教大法官"成为人在宗教与社会中背叛上帝自由的象征化表达，堪称他此时所进行

（接上页）这样写：我们在《罗马书》的结尾（就像在陀思妥耶夫斯基小说的结局那样）只会被重新放置在生活（也包括基督徒的生活和团契生活！）所包含的无法看透的困境中，找不到出路，不得不再次从头开始，重新审视逼我们谈论上帝的困境。"这一段的原文为："*Ist hier eine Erinnerung an Dostoj.〈ewski〉möglich und angezeigt? etwa so：Nur auß neue werden wir am Ausgang des Röm.〈er〉briefes（wie etwa auch am Ausgang der Romane Dostojewskis）vor die undurchdringliche Problematik des Lebens（auch des christlichen, des Gemeindelebens!）gestellt, auf dass wir keinen Ausgang finden, sondern erst recht wieder von vorne anfangen nur immer neu die Bedrängnis sehen müssen, dieuns in unser Gespräch über Gott gedrängt hat.*" Eduard Thurneysens Brief vom 22. September 1921（an Karl Barth）（Karl Barth Archiv. KBA）。参 Hong Liang, *Leben vor den letzten Dingen*, 111-113。

的宗教批判与社会批判的骨干性观念。

如果仅仅透过《〈罗马书〉释义（第二版）》去评估巴特与图爱森对陀思妥耶夫斯基的解读，那么这个解读所包含的理论价值将被掩盖。因为就根本而言，巴特这部著作的三十处文段只是碎片性地记录了两位神学家对陀思妥耶夫斯基的局部认知，能够体现其整体性理解的文本载体是图爱森的《陀思妥耶夫斯基》，问题的关键在于揭示这个整体性理解的核心结构。在分析了图爱森的论文《宣讲的任务》之后，第三章以较大篇幅重构了《陀思妥耶夫斯基》的基本结构，指出图爱森透过对陀思妥耶夫斯基及其小说世界的解读，把"面向终末的生命"这一辩证神学的生命神学维度进一步拓展为此岸的生命图像与其彼岸焦点之间的透视学关系。按照图爱森的理解，陀思妥耶夫斯基笔下人物形象的独特之处在于，这些形象所包含的线条没有局限于二维平面，而是超出自身，指向上帝这个永远处于彼岸的焦点。对陀思妥耶夫斯基而言，从此岸出发，取消彼岸焦点或者使其此岸化，两者都意味着对生命图像的毁灭；与此同时，生命图像与其彼岸焦点的内在关联中又蕴含着两者之间不可消除的"终末论张力"[11]，这一张力的消解唯独取决于从彼岸而来的神性行动（*Akt*），按照巴特在《〈罗马书〉释义（第二版）》中的语言模式，这意味着永恒突入时间，而图爱森则将之称为"终末论张力"转变为"终末论"[12]。

在 1921 年 6 月 24 日给巴特的信中，图爱森强调，《陀

11. Thurneysen, *Dostojewski*, 38.
12. A. a. O., 39.

思妥耶夫斯基》是《〈罗马书〉释义（第二版）》的"图解"（*Illustration*）[13]，原因正在于它透过生命图像与彼岸焦点之间的张力与关联，形象表达了《〈罗马书〉释义（第二版）》中"面向终末的生命"与"复活的透视焦点"（*Fluchtpunkt der Auferstehung*）[14]之间的透视主义结构。在巴特与图爱森这里，透视主义的基本涵义即在二维空间内绘制三维图像的透视法，尤其是画面线条对画面焦点的指向。除此之外，《陀思妥耶夫斯基》以及《〈罗马书〉释义（第二版）》中的透视主义还与尼采遗稿中提及的透视主义[15]在两方面意义近似：首先，透视主义意味着借助特定视角观察并解释对象，以实现支配与统治。在巴特这里，"复活的透视焦点"表达的即源自上帝主权（*Souveränität Gottes*）的彼岸视角的确立，由此出发，透视脱离上帝的世界在诸多此岸视角的竞争中陷入的危机，宣布创造主和救赎主对世界的独一统治；其次，借助特定视角所进行的透视是赋予意义的活动，"复活的透视焦点"确立的上帝主权视角是针对此岸生命的"彼岸性意义赋予"（*jenseitige Sinngebung*）[16]，上帝对世界的统治并非意味着消解文化和价值的灾难，而是两者在终末论语境中的奠基与充实。《〈罗马书〉释义（第二版）》强调终末论的优先性，意图正是确立这一上帝主权的视角，再由此出发，揭示世界既深陷危机又充满希望，巴特在这部著作

---

13. Hong Liang, *Leben vor den letzten Dingen*, 106f.

14. Barth, *Der Römerbrief*（Zweite Fassung）1922, 600.

15. Friedrich Nietzsche, *Nachlass 1885–1887*, *Kritische Studienausgabe*, Bd. 12, ed. Giorgio Colli and Mazzino Montinari（München：Deutsche Taschenbuch Verlag, 1999）, 114, 140.

16. Barth, *Der Römerbrief*（Zweite Fassung）1922, 265.

中铺陈的文化批判、社会批判与宗教批判皆源于这一视角。图爱森对辩证神学的贡献绝不只是修改并润色巴特的《〈罗马书〉释义（第二版）》草稿而已，更为重要的是，他提出的透视主义观念"图解"了这部经典的核心论说结构，这是《陀思妥耶夫斯基》一书不可磨灭的理论贡献与神学地位所在，它和《〈罗马书〉释义（第二版）》互为姊妹篇，分别记录了两位神学家从 1920 年深秋至 1921 年初秋所经历的同一个神学发现，正是这个关于上帝主权视角的神学发现奠定了两部著作内在的平行性；另一方面，从"面向终末的生命"与其彼岸焦点的透视主义关系出发，图爱森与巴特发展出了具有原创性的陀思妥耶夫斯基解读进路，超越了同时期德语斯拉夫学界对这位俄国作家的诠释水平。

论文第四章首先分析了巴特与图爱森 1922 年至 1923 年涉及陀思妥耶夫斯基的九封通信，在此基础上，本章考察了图爱森在完成《陀思妥耶夫斯基》之后如何继续深化自己对陀思妥耶夫斯基的理解，处理的文本是图爱森的报刊文章《陀思妥耶夫斯基与社会主义》(Dostojewski und der Sozialismus) 以及论文《迈向文化》(Schritt zur Kultur)。在前一文本中，图爱森强调，这位俄国作家政治观点保守性的根源是其对上帝这一彼岸视角的坚持，他关注的不是尘世内部具体的政治变革，而是具有终末气质与激进性的"真正革命"[17]。后一文本聚焦陀思妥耶夫斯基对文化问题的关注。图爱森认为，尽管这位俄国作家宣

---

17. Hong Liang, *Leben vor den letzten Dingen*, 225f.

告了上帝的审判之言，但这种面向终结的旨趣并不意味着他对文化和文化工作的理解是虚无主义式的，恰恰相反，他正是从"真正的终末论"[18] 出发关心危机中的文化重建。与此同时，陀思妥耶夫斯基这里存在滥用终末论视角的可能性，尤其是当他把斯拉夫民族视为被拣选的独一民族，把其他欧洲民族看作上帝的审判对象之时，图爱森把这种泛斯拉夫主义意识形态称为"虚假终末论的激化"[19]。本章的第三部分重构了巴特和图爱森与哲学家福斯特（Friedrich W. Foerster）围绕陀思妥耶夫斯基展开的一次论战。福斯特抨击图爱森和巴特的陀思妥耶夫斯基诠释，认为两者曲解了这位俄国作家，在他看来，陀思妥耶夫斯基思想的精华是"灵魂引导"意义上的道德教化，[20] 不是消解教化意义的彼岸性。巴特与图爱森坚持，真正的德育超越一切此岸教化的手段与设计，指向生命的彼岸救赎；与成人相比，未经教化的儿童反而更能感受生命与彼岸之间的联系；福斯特对十九世纪"教育理念与文化理念"[21] 不加反思的推崇是"对基督教的背叛"[22]。

论文第四章最后一部分分析了巴特在《〈罗马书〉释义（第二版）》完成之后对陀思妥耶夫斯基的解读，涉及文本为巴特的授课讲稿《加尔文神学》（Die Theologie Calvins）、论文《当前伦理学问题》（Das Problem der Ethik in der Gegenwart）、《教

---

18. Thurneysen, *Dostojewski*, 72.
19. A. a. O., 75.
20. Hong Liang, *Leben vor den letzten Dingen*, 235f.
21. A. a. O., 238.
22. A. a. O., 238.

会与启示》(Die Kirche und die Offenbarung) 以及《论 "肯定性悖论" 的悖论》(Von der Paradoxie des "Positiven Paradoxes"),在这些文本中,"宗教大法官" 占据了显著的核心地位。对此时的巴特而言,"宗教大法官" 的意义包含三个侧面:首先,他借助神权政治取代了彼岸上帝的意志,损害了人类的自由;其次,他篡改基督的事业,试图以人手捏造出更好的版本;最后,他也代表了前启蒙时代压制人类自由与自治的宗教权威。[23]

论文第五章由两部分组成,第一部分在概括性地复述第一至第四章内容的基础上,勾勒了巴特和图爱森的陀思妥耶夫斯基解读从 1915 至 1923 年的变化过程,指出两者没有如巴特所言从陀思妥耶夫斯基那里受到 "影响",他们借助陀思妥耶夫斯基所要探求的是其终末论旨趣在生命神学语境中的落实。这是巴特在 1931 年 7 月 2 日的一封信中承认自己十年之前误解了陀思妥耶夫斯基的原因所在。[24] 第二部分指出,巴特和图爱森强烈的终末论导向一方面使其陀思妥耶夫斯基解读摆脱了 "保守主义革命"[25] 阵营突出俄国与德国民族利益的诠释进路,另一方面也造成其内在的单调性;然而,对于理解辩证神学的终末论而言,他们从透视主义角度对陀思妥耶夫斯基所进行的解读则打开了新的可能性:终末并非世界的终结,而是生命透过上帝主权这个彼岸焦点所展现出的 "深层视野"[26]。

---

23. A. a. O., 239–252.
24. A. a. O., 21.
25. Armin Mohler, *Die Konservative Revolution in Deutschland 1918–1932* (Stuttgart: Friedrich Vorwerk, 1950).
26. Hong Liang, *Leben vor den letzten Dingen*, 264.

这篇博士论文的贡献有四个方面。首先，它借助巴特档案馆的材料，全面梳理了巴特和图爱森 1915 年至 1923 年涉及陀思妥耶夫斯基的全部通信，尤其是两者 1919 年至 1921 年的通信，展现了图爱森的"双重身份"[即《〈罗马书〉释义（第二版）》初稿的审校者与《陀思妥耶夫斯基》的作者] 在《〈罗马书〉释义（第二版）》文本形成史中的重大意义；其次，它表明《〈罗马书〉释义（第二版）》前言中关于陀思妥耶夫斯基"影响"的论断是后设视角下的虚构叙事，并不符合两位神学家的书信交流所记录的历史真实，巴特与图爱森并非"被动接受"这位俄国作家的影响，而是把"面向终末的生命"这一解读视角投射进陀思妥耶夫斯基的人物世界，并将其剥离出俄国文化语境，以此来表述并打磨自己在终末论问题上的自我理解；再次，它揭示了图爱森在辩证神学发轫期的重要理论贡献，即透过对陀思妥耶夫斯基的解读，把这一针对终末论的自我理解概念化为透视主义，从而为在魏玛共和国时期竞争性的文化思想语境中解读《〈罗马书〉释义（第二版）》提供了新的可能；最后，就广义辩证神学研究而言，它修正了二十世纪欧陆神学史写作中把《〈罗马书〉释义（第二版）》终末论视为"灾难理论"[27] 的解读传统，揭示了早期巴特与图爱森终末论思维所隐含的神学人类学旨趣：终末不仅揭示此岸生命的有限与必死，更意味着它在彼岸上帝之"信实"中的奠基与"成像"，后者涉及的是意义的赋予，而非意义的倒空。

---

27. A. a. O., 263f.

下　编

第四章
莫尔特曼与
北森嘉藏论"上帝之痛"*

一、引　言

　　1946 年，年仅三十岁的北森嘉藏出版了日本战后神学史上具有划时代意义的《上帝之痛的神学》(神の痛みの神学)[1]，先在日本国内引起反响，后经西文译本助推而赢得世界级声望。马堡神学家拉绍夫(Carl H. Ratschow)在该书 1972 年德译本导言中指出，作为西欧人，他在阅读《上帝之痛的神学》时丝毫没有感受到某种"日式"异国情调，"这就是该书令人惊讶之处：它的理路即便在欧洲也能被理解"[2]。他认为北森除了植根于以路德宗为代表的欧洲神学传统，也非常熟悉以黑格尔和谢林(Friedrich W. J. Schelling)为代表的德国观念论，具有丰厚的

＊　本章原刊于《汉语基督教学术论评》28（2019）：129–153。

1. Kazoh Kitamori, *Theologie des Schmerzes Gottes*, trans. Tsuneaki Kato and Paul Schneiss（Göttingen：Vandenhoeck & Ruprecht, 1972）.
2. A. a. O., 6.

"精神史和神学史修养"[3]。这一点在《上帝之痛的神学》的行文和参考文献中得到印证：北森自觉汇入二十世纪二十年代初辩证神学对"文化新教"神学范式的批判大潮，与此同时，"京都学派"给予他的理论滋养也在这本书的哲学史重构与概念锻造技巧上得到体现。众所周知，北森在《上帝之痛的神学》中提出"上帝之痛"这一构想，在拉绍夫看来，这位日本神学家以此在路德提出的"十字架神学"（theologia crucis）和"隐蔽的上帝"（deus absconditus）之间做了新的组合，"这个转折具有重大意义"[4]。北森的目标并非构建一种重音落于"非西方的"神学，而是力图以日语进入二战前后被欧陆主导的神学场域，直接处理对当时的欧陆学界具有普遍意义的课题。

1972 年，莫尔特曼《被钉十字架的上帝》一书问世，该书第二章"十字架神秘主义"一节提及《上帝之痛的神学》[5]。莫尔特曼认为，北森正确强调了"上帝之痛医治我们的痛苦，在基督的受难中上帝自身受难"[6]，更为重要的是，"这些萌芽必须得到进一步深化"[7]。在出版于 2006 年的自传《广阔空间》（Weiter Raum）中，他特别回忆了 1973 年 2 月下旬在东京与北森的公开对谈，以及两人如何用粉笔画图阐发各自观点结构。这次东京对谈使莫尔特曼看到，北森"在神学上追随利奇尔，他提出

---

3. A. a. O., 5.

4. A. a. O.

5. Jürgen Moltmann, *Der gekreuzigte Gott: Das Kreuz Christi als Grund und Kritik christlicher Theologie* (Gütersloh: Gütersloher Verlagshaus, 2016), 49.

6. A. a. O.

7. A. a. O., 49.

的'上帝之痛'在精神上立足于日本武士道传统"[8]；他和北森的差异在于，他认为痛苦在上帝那里应该"穿透心扉"（*durchs Herz geht*）[9]，而北森只允许痛苦"外在地"（*äußerlich*）[10] 推动上帝。如何理解莫尔特曼对北森的这些评价？《被钉十字架的上帝》在二十世纪系统神学史中的地位无须赘言，它对《上帝之痛的神学》的赞许和保留揭示了后者的思想价值；然而，作为两部处理二战时代经验的一流欧亚神学经典，它们在论及"上帝之痛"时的关键性差异并未在后世神学史中得到恰当阐发。厘清这个问题，对于汉语世界涉及苦难问题的神学反省仍然具有重要意义。下文首先概括北森与莫尔特曼的基本观点，然后指出两者的分歧，阐述角度依次为三一论、终末论及上帝的主权，最后在结语部分略论两者所处地缘政治语境的差异。

二、"上帝之痛"的内涵

北森毫不讳言自己志在刷新传统上帝观。"在神学之中，一切最终都导向上帝观，一种不能对上帝观作出决定性贡献的神学只能被视为尚未成熟。"[11]《上帝之痛的神学》的这个见解已足以折射出青年北森的功力和修养，他认为自己对上帝观的贡献就在于提出"上帝之痛"这个概念。什么是"上帝之痛"？"上帝对其愤怒之对象的爱的意志即上帝之痛"，换言之，"上

8. Jürgen Moltmann, *Weiter Raum：Eine Lebensgeschichte*（Gütersloh：Gütersloher Verlagshaus，2006），187.

9. A. a. O.，175.

10. A. a. O.

11. Kitamori, *Theologie des Schmerzes Gottes*，128.

帝之痛"包含两个环节：一是上帝对罪人的爱和祂对罪人的怒这两者间的冲突；二是前者对后者的克服，它是上帝的爱与怒之外的"第三者"（tertium）[12]。这里的"痛"不同于人类情绪性的"多愁善感"[13]，因为它就强度而言远远超越后者。众所周知，北森把自己对"上帝之痛"的神学发现归功于《耶利米书》31：20 中 מעיהמו 这词汇组合，他将其翻译为"我的心痛苦"[14]，并认定这就是记载"上帝之痛"的经文依据。创造源于记忆，神学上所谓的"发现"从来都不是凭空想象，而是源自对既有线索进行新的组合。动词 המה 主要指自然界、动物和人类发出的各种声响，有时也指人内心的某种激动状态，包括处于这种状态下的人。北森认为，这个动词的后一种含义不一定局限于人，在《耶利米书》31：20 以及《以赛亚书》63：15 这两处经文里，它涉及的主体都是上帝，המה 揭示了"上帝之痛的现实"[15]。

北森这个思路的直接源头一方面是《诗篇》中的个体性哀告诗对动词 המה 的运用，[16] 另一方面是路德对这两个词汇的译法。[17] 其特色在于，他抓住上帝的内在现实这根线索不放，以

---

12. A. a. O., 17.

13. A. a. O., 155.

14. A. a. O., 152.（《和合本》译作："所以我的心肠恋慕他。"）

15. A. a. O., 154.

16. A. a. O., 153.

17. 在《对〈耶利米书〉31：20 与〈以赛亚书〉63：15 的默想》一文中，北森写道："路德是这样来翻译《耶利米书》31：20 的：'*Darum bricht mir mein Herz gegen ihn, dass ich mich sein erbarmen muss*'（因此我的心为他而碎，我必须怜悯他），但是这个 '*mein Herz bricht mir*'（我心碎）在德语中可以改写为 '*ich empfinde den heftigsten Schmerz*'（我感到最强烈的痛苦）"，见 Kitamori, *Theologie des Schmerzes Gottes*, 154.

"上帝的恩典"[18]和"上帝的慈悲"[19]为由，为自己对上帝内在现实的探索辩护：既然浪子回头的故事可以"借助人类世界的诸多事件来认识上帝的心，所以也要允许我们从人心的状况推导至上帝之心的状况"[20]。在北森看来，《耶利米书》中的"上帝之痛"要在耶稣的历史行迹这一新约语境中得到落实，他将这一行进方向称为"从上帝之痛到历史中的耶稣"[21]，前者构成后者"最深刻的背景"[22]，而后者则是前者"具有必要性和建构性的元素"[23]。"上帝之痛"本身就蕴含着耶稣的"历史性生存"，[24]因为上帝之爱要在真实现实中克服上帝之怒，"上帝之痛的位格（*persona*）"[25]必须进入历史，走"痛苦之路"（*via dolorosa*）[26]，"历史中的耶稣"这条路以《罗马书》8：3中的耶稣降生为起点，以《哥林多前书》2：2的耶稣之死为顶点和终点。在十字架上交出子，这是"一种由上帝内部所奠定的必然性"[27]。

如果仅仅停留在《耶利米书》和保罗书信，那么北森表达出的还只是一种"释经学"看法，尚未进入系统神学的论说层次，因为从"上帝之痛"无法直接推导出"痛苦属于上帝最内在的本质"[28]，而后者正是北森的关切所在。北森为后一论断

---

18. Kitamori，*Theologie des Schmerzes Gottes*，153.
19. A. a. O.，154.
20. A. a. O.，153.
21. Λ. a. O.，30.
22. A. a. O.，32.
23. A. a. O.，31.
24. A. a. O.
25. A. a. O.
26. A. a. O.，40.
27. A. a. O.，42.
28. A. a. O.

找到的经文依据又是单一词汇，即《希伯来书》2：10句首的 ἔπρεπεν，其主要含义为"相称"或"合宜"。在他看来，这个词汇表明，通过让基督受难而使其完全，这于上帝是合宜的，而合宜意味着"本质的必然"（*wesensnotwendig*）[29]，它揭示出"上帝的内在世界"[30]。在古代教义史中，本质（οὐσία）概念的形成离不开希腊哲学语汇的影响，北森认为这一概念本身有其存在价值，但"希腊思想土壤"[31]为它增添的内涵不符合"圣经上帝观"[32]，失落了上帝"真正的本质所在"[33]，因为上帝真正的本质埋藏在《耶利米书》的"上帝之痛"和保罗的"十字架神学"之中。北森为自己找到的论述语境是三一向内的活动（*opera trinitatis ad intra*），即父生子（*generatio*）这个环节，圣灵的呼出（*processio*）则完全溢出其视线之外，北森试图从三一论入手揭示上帝本质，其聚焦点是父子关系，不包含圣灵。在父与子的位格关系上，他挑战古代三一论之处在于，父生子并非上帝在父子关系上"最终的"[34]活动，因为圣经中的上帝不只是生子的父，更是"让子死，并在这种活动中经受痛苦的父"[35]，父让子死，这才是父子关系上"决定性的"[36]内涵，也就是"上帝之痛"。父让子死是第一位的，父生子是第二位的，其意义在于为父让子死创造条件。"上帝的本质唯有从十字架这里才能得到

---

29. A. a. O.
30. A. a. O.
31. A. a. O., 43.
32. A. a. O.
33. A. a. O.
34. A. a. O.
35. A. a. O.
36. A. a. O.

理解"[37]，这句话的神学创见在于发问角度的变化，不是从救赎论这个"宗教改革运动"（Reformation）[38] 神学的经典角度追问十字架对人的意义，而是从子的死亡出发，进入上帝论。

在这一点上，莫尔特曼和北森分享类似见解，[39] 他的核心关切也是父的丧子之痛。莫尔特曼创作《被钉十字架的上帝》时正值四十五岁上下，无论是神学积累，抑或是写作经验与人生体悟都接近峰值，这使该书在论述的复杂性与阐发的严密度上都超过《上帝之痛的神学》这部天才式的少年之作。上文其实足以显示，北森的释经有鲜明的体验性，与之相连的是其独断性。为什么 חמה 足以揭示上帝的内在？为什么 ἔπρεπεν 一定就意味着"本质的必然"？北森并未给出充分理由，相反，他的回答是前一个词汇让他感到"惊讶"[40]，后一个词汇对他而言"仿佛整个宇宙在耳中震颤"[41]；尤其需要指出，北森完全没有给予保罗十字架神学的重要概念 παραδίδωμι 以恰当位置，这个词汇的主要含义是"遗弃"或"给出"，它是《罗马书》8：32 和《加拉太书》2：20 阐述"父让子死"的基本概念，在《上帝之痛的神学》中，北森解说了亚伯拉罕的以撒献祭和日本悲剧意识中的"辛"（tsurasa）[42]，两者从内涵上其实已非常接近这个词汇。并不是说因为分析了这个词汇，北森对"父让子死"的理解会更加

37. A. a. O.
38. Wolfhart Pannenberg, *Grundzüge der Christologie*, 4. Aufl.（Gerd Mohn: Gütersloher Verlagshaus, 1972）, 33–43.
39. Moltmann, *Weiter Raum*, 188.
40. Kitamori, *Theologie des Schmerzes Gottes*, 41.
41. A. a. O., 42.
42. A. a. O., 135.

完整，而是他能由此切入父子位格关系的交互性层面，这个层面是莫尔特曼的着力之处，也是他和北森之间的分歧之处。

莫尔特曼在自传中指出，《被钉十字架的上帝》立论基础在于耶稣的"死亡呼喊"[43]："我的上帝，我的上帝，为什么遗弃我？"子被遗弃这个被动状态是莫尔特曼论述的起点，与之对照，北森更侧重父为罪人而遗弃子的主动性。在莫尔特曼看来，παραδίδωμι 包含两层意义。首先，父遗弃子，祂在这个事件中成为遗弃子的父，到这里莫尔特曼和北森完全一致；但他更进一步，强调子的被遗弃也触及父自身："在子的被遗弃中父也遗弃了自身，在给出子的过程中，父也给出自己，但不是以同样的方式。"[44] 为了表达出这个意义，莫尔特曼区分了德文动词 Sterben 和名词 Tod，两者的含义都是死亡，前者表达死亡的过程，后者表达死亡的状态，子在被遗弃之中经历了死亡的过程，父则经历了被祂遗弃的子的死亡状态，两种苦难截然不同。"子对父的丧失对应着父对子的丧失，如果上帝是耶稣基督的父，那么祂在子的死亡中经受了自身父性（Vatersein）的死亡"[45]，这里的意图不是在"父受难论"（Patripassionismus）的意义上谈论抽象的"上帝之死"，而是把"上帝之痛"具体化为父透过经验参与进子的被遗弃之中；但在北森那里，上帝之痛源于内在的意志冲突，[46] 即祂定意要爱其迁怒之对象，遗弃子乃不得已要付出的代价。其次，莫尔特曼特别引证《加拉太书》2：20 中的

43. Moltmann, *Weiter Raum*, 186.
44. Moltmann, *Der gekreuzigte Gott*, 230.
45. A. a. O.
46. Kitamori, *Theologie des Schmerzes Gottes*, 17.

基督"为我舍己",指出 παραδίδωμι 还涉及子的自我遗弃,它对应着父对子的遗弃。"遗弃"的主语除了是父,还可以是子,在十字架上,"父与子在被遗弃中最深刻地分离,同时又在献身中最内在地合一"[47],展现了"深刻的意志统一性"[48]。"父让子死"绝不只是意味着父单方面的"大义灭亲",更意味着父子的交互关联在子的被遗弃中经历了深化,这个维度是北森没有触及的。

三、"上帝之痛"与三一论形式

从子被遗弃这个视角切入父子的位格关系,莫尔特曼将之称为"三一式的十字架神学"[49]。单纯从三一论的外在形式来看,莫尔特曼的论述显得更加完整,因为北森只谈"父让子死",不谈圣灵;莫尔特曼认为圣灵生发于"父让子死"之中,圣灵"使没有上帝的人称义,用爱充实被遗弃者,并将亲自使死人复活"[50]。是否顾及圣灵位格,这并非两者在三一论问题上最值得关注的差异,三一论是其表述"对十字架的认识"[51]时使用的外在形式,真正内涵性的差异源于他处。北森和莫尔特曼都谈"父让子死",但各自对死亡意义的理解不同。死亡标志人类自然生命的终结,北森论述的语境是家庭血缘,尤其是子自然生命的终结成为父痛苦的诱因,父的丧子之痛是世间痛苦的顶点[52];莫

---

47. A. a. O., 231.
48. A. a. O., 230.
49. A. a. O., 222.
50. A. a. O., 231.
51. A. a. O., 228.
52. A. a. O., 49.

尔特曼则侧重死亡现象的社会意涵，即生命的关系与联结[53]被死亡强行剥夺，上文提及莫尔特曼区分 *Sterben* 和 *Tod*，意图正在于分别从子的视角和父的视角落实死亡的社会性内涵。*Sterben* 描述耶稣在十字架上经历关系与联结的彻底丧失，其最高表达是被父遗弃，*Tod* 表达父经受了子所经历的关系与联结的彻底丧失，父子团契关系深化的实质是死亡的社会性被整合进上帝论：子在死亡中经历了关系与联结的彻底丧失，作为父，上帝也一同经受了关系与联结的彻底丧失。死亡现象的社会意涵是《被钉十字架的上帝》成为"后奥斯威辛神学"[54]的思想桥梁之一，因为子的死亡承载了犹太人集中营里关系与联结的彻底丧失，而这一丧失也被父所经受。换言之，"上帝的内在生命"[55]包容了关系与联结的彻底丧失，正是在这个意义上，莫尔特曼提出"奥斯威辛中的上帝和被钉十字架的上帝中的奥斯威辛"[56]，死亡的社会性使父的丧子之痛超越家庭血缘范畴，触及"被侮辱和被损害的人"，因为十字架浓缩了他们经历的关系与联结的彻底丧失。"人子来，是为寻找那些失丧者，他必须亲自承担他们的失丧，以便找到他们。上帝遗弃了他，以便他成为被遗弃者的兄弟和拯救者。"[57]

53. 参考处理这种关系性人论的两部现代经典：Christoph Barth, *Die Errettung vom Tode：Leben und Tod in den Klage- und Dankliedern des Alten Testaments*, ed. Bernd Janowski（Stuttgart：Verlag W. Kohlhammer, 1997）；Othmar Keel, *Die Welt der altorientalischen Bildsymbolik und das Alte Testament：Am Beispiel der Psalmen*（Neukirchen：Neukirchner Verlag/Benziger Verlag, 1972）。

54. Moltmann, *Der gekreuzigte Gott*, 266.

55. A. a. O., 235.

56. A. a. O., 267.

57. Moltmann, *Weiter Raum*, 190.

这个理解角度的形成离不开莫尔特曼本人十七岁时的战争经验。1943 年 7 月 24 日，联军展开"蛾摩拉行动"（Operation Gomorrah），对汉堡市进行为期九天的轰炸，其间四万余人死亡，多为妇孺，他的好友肖普（Gerhard Schopper）不幸中弹，身首异处，当时正站立肖普身旁的莫尔特曼却只受了轻伤。按莫尔特曼在自传中的叙述，他当晚第一次发出"上帝之问"，不是问"上帝为何允许这一切发生"[58]，而是问"我的上帝，你在哪里？"和前一个问题不同，后一个问题表面上指向上帝的空间方位，实质上涉及祂以不在场的方式与人联结的强度，这也是旧约《诗篇》中个体性哀告诗[59]最经典的发问方式。莫尔特曼强调，这个发问浓缩了自己"个人性的上帝经验"[60]，是他面对批评时绝不退缩的堡垒。莫尔特曼常被标签化为"父受难论"的现代代表，限于篇幅，在此无法处理教义层面的争执，需要指出的是，莫尔特曼在回应这些批评的过程中对死亡的社会意涵做了新表述：父经受子的死亡，这是源于"爱的积极受难"[61]。爱的实质即敞开自身，分担他者命运，父的受难揭示出祂本质的"丰足"[62]，而非"存在的匮乏"[63]，后者反倒是不能受难的上帝或不动情（ἀπάθεια）的上帝所具有的基本特征。这个明显意在批判希腊形而上学上帝观的新表述来源于莫尔特曼所植根的十七世纪盟约神学传统，尤其是科契尤（Johannes

---

58. A. a. O., 29.
59. Barth, *Die Errettung vom Tode*, 72ff.
60. Moltmann, *Weiter Raum*, 190.
61. A. a. O., 189.
62. A. a. O.
63. A. a. O.

Cocceius）从历史进程以及"与上帝的友谊"（*amicitia cum Deo*）角度对神人盟约关系的创造性诠释。在莫尔特曼这里，父的悲情（παθος）首先展现在祂与以色列建立的盟约之中，在子的死亡中，这个盟约关系被打开并扩展至万民，父的悲情也随之触及一切被遗弃之人。盟约概念针对的正是关系与连结的破裂，它是"爱的积极受难"的基础所在。

在莫尔特曼这里，三一论"外壳"所包裹的实质是父把子所经验的关系丧失纳入自身，子的被遗弃具有独立意义，是这桩"事件"[64]的重心；对北森而言，"父让子死"以三一论为外在形式，其核心内涵是遗弃了子的"隐蔽的上帝"。北森认为，"隐蔽的上帝"虽是路德及路德宗神学的精髓，但它内在的问题性要通过"上帝之痛"得到克服。"隐蔽的上帝"这个概念的含义是，上帝以愤怒为手段表达爱，在北森看来，从手段层面理解上帝之愤怒是错误的，上帝之愤怒并非手段，它具有独立意义，是"真实的愤怒"，路德借助"隐蔽的上帝"试图表达的上帝之爱脱离了对上帝之愤怒的克服，使前者成为不包含痛苦的爱，这是其问题所在。上帝之爱应是在上帝之痛中奠基的爱，[65]换言之，上帝表达爱的手段并非上帝之愤怒，而是祂用以克服自身真实愤怒的东西，即子的死亡。上帝之愤怒透过子的死亡得以表达并被克服，这是北森眼中《海德堡论纲》（*Heidelberger Disputation*，1518）里基督论聚焦的恰当之处：不是脱离子的"隐蔽的上帝"，而是"在受难中隐蔽的上帝"（*Deus absconditus*

---

64. Moltmann, *Der gekreuzigte Gott*, 234.
65. Kitamori, *Theologie des Schmerzes Gottes*, 108.

in passionibus），父在子的死亡中隐蔽，祂是"痛苦之中的上帝"[66]。北森引入子的位格，试图修正"隐蔽的上帝"对上帝之愤怒的工具化，但由此带来的是子及其死亡的工具化，子之死亡的真实性只是为了衬托父之愤怒的真实性，史学意义大打折扣。究其实质，北森版本的"隐蔽的上帝"表达了父在意志冲突的基础上扬弃怒的意志，最终凯旋的是祂爱的意志。北森在《上帝之痛的神学》中写道："一个不会发怒的人必定被人轻视，人们称这样的人是没有性格的人。"[67]这个"人论"影响了他的"上帝论"：上帝会发怒，但祂对罪人隐怒而不发，这不是因为祂"没有性格"，而是祂愿意用"自戕"的方式代人受罚，这是武士道文化背景下充满性格特征的自我牺牲。

四、"上帝之痛"与终末论问题

从保罗书信的角度来看，子及其死亡的工具化消解了子的复活的独立意义，后者正是保罗终末论的核心，由于缺失这个视野，终末论成为《上帝之痛的神学》最薄弱的板块之一。北森对终末论的认识主要集中于《马太福音》第24章提到的"大灾难"[68]，因为在他看来，这个启示论（*Apokalypse*）意义上的灾难问题与上帝的痛之间存在如下关联：世界的终结之时其实就是对上帝之痛的认识遍满全地之时，作为对这种认识的预备，世界本身要先充满灾难，它对痛苦的体验是获得救赎的前提。

---

66. A. a. O., 114.
67. A. a. O., 117.
68. A. a. O., 140.

"一旦痛苦无处不在，世界的终结也就要到来"[69]，痛苦的广布成为世界终结的"标志"[70]。与晚年路德类似，青年北森在日本的战争灾患中也感受到具有强烈启示论意味的终结氛围，"我们这个世纪经历的灾难肯定比十六世纪的黑死病带来的灾难要大"[71]。他认为这些灾难招致的痛苦展现了上帝的愤怒，而"大灾难"之后的基督再临是上帝建立在痛苦基础之上的爱对愤怒的克服，是上帝之痛的"胜利"[72]，标志"上帝统治"[73]的来临。尽管北森试图修正巴特的辩证神学，其实深受后者《〈罗马书〉释义（第二版）》中泛终末论化的影响，因此也强调终末论决定了基督教信仰的"全部结构"[74]，然而究其根本，这个终末论只是借用《上帝之痛的神学》中的概念翻译了犹太启示论[75]的灾难叙事框架，缺少基督论的实质。

对于以保罗为代表的原始基督教而言，终末论的基督论实质或者说核心就是基督的复活，这也是恰切理解其十字架神学的基本语境，北森没有看到这一点，是其内在理路所致。在保罗这里，被钉的耶稣关联复活的基督，把复活的这一个指认为被钉的那一个，或者说确认被钉者与复活者之间的同一性（*Identität*），这首先涉及上帝的行动（"使祂从死人中复活"），

69. Kitamori, *Theologie des Schmerzes Gottes*, 141.

70. A. a. O.

71. A. a. O.

72. A. a. O., 142.

73. A. a. O.

74. A. a. O., 143.

75. Wilhelm Bousset, *Die Religion des Judentums im späthellenistischen Zeitalter*, ed. Hugo Gressmann, 4.Aufl.（Tübingen：J.C.B.Mohr［Paul Siebeck］, 1966）, 242–289.

以及在此基础上对上帝之名的扩展性认知（"亚伯拉罕所信的，是那叫死人复活，使无变为有的上帝"[罗 4：17]）。二十世纪五十年代，"追寻历史中的耶稣"研究进入第二阶段，以图宾根新约巨匠凯瑟曼（Ernst Käsemann）为主要代表，这一阶段突出原始基督教与其犹太背景之间质的差异[76]，保罗关于基督复活的见解被视为具有佐证力的宗教史素材。当时深受影响的潘能伯格（Wolfhart Pannenberg）和莫尔特曼在终末论问题上不约而同都采取这个"差异标准"（Differenzkriterium）[77]，强调保罗书信印证了原始基督教从犹太教中推陈出新，把启示论语境中的"死人复活"转化为上帝使基督"从死人中复活"。莫尔特曼把《盼望神学》和《被钉十字架的上帝》并列[78]，强调前者透过复活节来理解受难日，后者透过受难日去理解复活节，这一论断的新约基础正在保罗这里：被钉者是复活者，反之亦然。脱离《盼望神学》中以基督复活为导向的终末论前提，《被钉十字架的上帝》就失去了使它超越《上帝之痛的神学》的纵深背景。

莫尔特曼强调死亡的社会性，认为十字架浓缩了关系与联结的彻底丧失，《被钉十字架的上帝》将之具体化为"历史中的耶稣"死亡的三个维度：对犹太律法传统而言，祂是"渎神者"[79]；对罗马帝国法律体系而言，祂是"叛乱者"[80]；对上帝而言，

76. Ernst Käsemann, "Zum Thema der urchristlichen Apokalyptik," in *Exegetische Versuche und Besinnungen*, Bd.2, 3. Aufl.（Göttingen：Vandenhoeck & Ruprech Verlag, 1970）, 105–130.

77. Gerd Theißen and Annette Merz, *Der historische Jesus：Ein Lehrbuch*, 4. Aufl.（Göttingen：Vandenhoeck & Ruprech Verlag, 2011）, 30.

78. Moltmann, *Der gekreuzigte Gott*, 10.

79. A. a. O., 121.

80. A. a. O., 129.

祂成为"被上帝遗弃者"[81]。换言之，除了被父遗弃，"历史中的耶稣"更经历了犹太与罗马这两大宗教-世俗法律传统[82]及其正义原则的审判，他的死亡不仅涉及家庭血缘，也涉及正义问题。这一点是莫尔特曼和潘能伯格在运用犹太启示论语法上的分歧所在，如果说两者都认为，犹太启示论中的死人复活是原始基督教群体借以诠释基督复活的思想工具，那么潘能伯格的关注点是，作为人类普遍前景的死人复活对应人面向世界和未来的开放性[83]这一人论意义上的基本规定性，基督的复活使其提前展现；对莫尔特曼来说，基督复活的实质所在是对上帝正义（δικαιοσύνη θεοῦ）的提前展现。启示论"具有混合主义特征"[84]，但其核心"并非人论或普遍历史，而是君临于死人活人之上的上帝正义在未来的胜利"[85]，原始基督教在转化犹太启示论的过程中，保留了后者关切的"世界受难史中的正义问题"[86]，正是围绕这一"无法回答而又不能放弃"[87]的开放性问题，脱胎于犹太宗教传统的新群体才得以确立解读基督复活的"诠释学方位"[88]：透过这个事件，上帝的正义已展现在被不义烙印的苦难当下之中，其内在质地不是灾难预言式的恐怖，而是"充满喜悦的希望"[89]。

---

81. A. a. O., 138.

82. David W. Chapman and Eckhard J. Schnabel, *The Trial and Crucifixion of Jesus*: *Texts and Commentary*（Tübingen：Mohr Siebeck, 2015）.

83. Wolfhart Pannenberg, *Anthropologie in theologischer Perspektive*（Göttingen：Vandenhoeck & Ruprech Verlag, 1983）, 40–76, 472–518.

84. Moltmann, *Der gekreuzigte Gott*, 164.

85. A. a. O., 164.

86. A. a. O., 165.

87. A. a. O.

88. A. a. O.

89. A. a. O., 163.

这个完全不同于潘能伯格的思路在《盼望神学》中已经形成，[90]
它为《被钉十字架的上帝》处理正义问题奠定了基础。

　　莫尔特曼处理正义问题的语境首先是奥斯威辛引发的"文
化记忆"，尤其是以犹太人为代表的无辜受害者在救赎中的前
途问题，如果过去归属于必然性领域，那么受害者的微弱气息
必将被"法则"（nomos）[91] 尘封，无力回天。有没有针对过去的
救赎？犹太思想家本雅明（Walter Benjamin）在《论历史的概
念》（Über den Begriff der Geschichte）一文中提出"微弱的弥赛
亚式力量"（weak messianic power）[92]，用意正在于此。现代性历
史观把过去和死人视为铺设无限进步阶梯的匿名元素，弥赛亚
则完全反向面对过去和死人，纪念过去和死人经历的灾难，弥
赛亚"微弱力量"的体现即激起"过往之中希望的火花"（spark
of hope in the past）[93]。本雅明这里对现代"历史哲学"的批判与
克尔凯郭尔在《哲学片段》[94] 里的思路一致，但它克服后者存在
主义哲学局限的现实指向则要归因于二十世纪的犹太人问题，
莫尔特曼对潘能伯格普遍主义历史观的克服，借鉴了本雅明提
出的"微弱的弥赛亚式力量"。如果说十字架浓缩了奥斯威辛
中关系与联结的彻底丧失，那么基督复活所包含的正义也将反
向触及经历这些彻底丧失的受害者，指向他们在死人复活时将

90. Jürgen Moltmann, *Theologie der Hoffnung: Untersuchungen zur Begründung und zu den Konsequenzen einer christlichen Theologie*（Gütersloh: Gütersloher Verlagshaus, 2016），185–189.

91. Moltmann, *Der gekreuzigte Gott*, 165.

92. Walter Benjamin, *Illuminations*, ed. Hannah Arendt, trans. Harry Zohn（New York: Schocken Books, 1968），254.

93. Benjamin, *Illuminations*, 255.

94. Kierkegaard, *Philosophische Brocken*, 68–82.

获得正义、联结与安慰[95] 的前景。不同于本雅明，莫尔特曼提出作恶者和受害者在基督论基础上的和解：终局既不是刽子手凌驾于受害者之上，也不是受害者凌驾于刽子手之上，"最终凯旋的是先为受害者，后也为刽子手而死，并以此启示出一种全新正义的那一位，这种正义打破仇恨与报复的恶性循环，从失丧的受害者以及刽子手那里创造出一种具有崭新人性的崭新人类"[96]。

终局时的和解表明上帝的正义是"新创造"[97]，从基督的复活中提前获得的对这一终局的认识从来都不是"中立与中性的认识，而是一种投身性的、有立场的认识，一种召唤使徒式实践的认识"[98]。终末论不是关于终局的戏剧性幻想，它具备清晰的伦理内涵，这个《盼望神学》所确立的思想基调同样被《被钉十字架的上帝》所贯彻。在青年北森这里，启示论意义上的"大灾难"事实上消弭了受害者与刽子手之间的伦理差异，因为问题的焦点落在涵盖两者的"人类"共有之罪招致上帝的真实愤怒，而非社会伦理意义上的正义问题。终末论不涉及正义的伸张，只涉及"大灾难"在量的意义上布满全地，以便为上帝最终战胜自己的愤怒铺设前提。

五、"上帝之痛"与上帝的主权

按照阿奎纳在《反异教大全》（*Summa contra gentiles*）中

---

95. Moltmann, *Weiter Raum*, 191.
96. Moltmann, *Der gekreuzigte Gott*, 165.
97. A. a. O., 163.
98. A. a. O., 160.

的分析，上帝之内不存在痛苦这种"基于感性的被触动"[99] 而产生的激情（*passio*），痛苦之所以产生，是因为恶（*malum*）的对象 [100] 在提供刺激，上帝作为善本身（*bonitas*），内部不包含任何恶的对象 [101]，因此祂不会经历痛苦。在批判阿奎纳背后的亚里士多德物理学-哲学预设 [102] 上，北森和莫尔特曼完全一致，但两者提出"上帝之痛"，显然并非仅仅出于反亚里士多德的哲学关切，而是意在让传统上帝观，特别是其包含的上帝主权（*Souveränität*）观与"现代的灾难经验"[103] 相称，北森的巴特批判 [104] 和莫尔特曼对上帝是否可以动情的讨论，[105] 皆根源于此。

近代早期的主权学说与特定上帝主权观相伴相生，彼此激发，十六世纪法学家博丹（Jean Bodin）论述王侯主权（*Fürstensouveränität*）问题的《王国六书》（*Über den Staat*）[106] 便是例证。博丹认为，王侯是上帝在尘世的摹本，他的主权即不需要征得任何人同意，"针对所有人和每个人"[107] 设立法律和

---

99. Thomas von Aquin, *Summa contra gentiles*, Bd.1, ed. Karl Albert, Paulus Engelhardt and Leo Dümpelmann, 2. Aufl.（Darmstadt：Wissenschaftliche Buchgesellschaft, 2005），325.

100. A. a. O., 327.

101. A. a. O., 149.

102. A. a. O.

103. Moltmann, *Weiter Raum*, 190.

104. Kitamori, *Theologie des Schmerzes Gottes*, 11.

105. 在这个问题上，莫尔特曼最重要的对话伙伴是英语学界的莫兹利（John K. Mozley）与布拉斯尼特（Bertrand R. Brasnett），参 Jürgen Moltmann, "The Passibility or Impassibility of God," in *Hoffen und Denken：Beiträge zur Zukunft der Theologie*（Neukirchen：Neukirchener verlag, 2016），181-194。莫尔特曼与拉纳（Karl Rahner）和左勒（Dorothee Sölle）关于上帝受难以及"施虐的上帝"（*sadistischer Gott*）的争论，参 Moltmann, *Weiter Raum*, 192-195。

106. Jean Bodin, *Über den Staat*, trans. Gottfried Niedhart（Dietzingen：Reclam, 1976）.

107. A. a. O., 41.

废除法律的"最高权力"（*summa potestas*）[108]，这个权力来自上帝，绝不可切分给臣仆，因为"一项破碎的冠冕不能再被称作冠冕"[109]。王侯如果把主权分配给臣仆，他就把臣仆转变成同伴，自己也就失去了主权："正如伟大而具有主权的上帝不能创造出第二个和祂一样的上帝，因为祂是无限的，而且两个无限者不能并存已被证实，所以可以说，我们将之称为上帝摹本的王侯绝不能平等对待臣仆，否则他将立刻摧毁自己的权力。"[110]超越臣仆的王侯主权类比于超越受造物的上帝主权，但它不能逾越"自然法和上帝律法的界线"[111]。到了十七世纪的霍布斯（Thomas Hobbes）这里，通过对单一人格（或集体）[112]进行权利交付而形成的"利维坦"被称为"有朽的上帝"[113]，它是人类在"不朽的上帝"[114]下获得和平与安全的根本保障，代表"利维坦"的单一人格就是"主权者"[115]，享有"不受限制的权力"[116]，臣仆不可违抗主权者的意志，正如亚当夏娃不可因见自己赤身裸体便暗地谴责上帝。[117]

　　无论是博丹的"王侯主权"，还是霍布斯的"主权者"，两者的立论语境都是君王与上帝之间的类比关系。这一方面

---

108. Rüdiger Voigt, ed., *Handbuch Staat*（Wiesbaden：Springer VS, 2018）, 610.

109. Bodin, *Über den Staat*, 41.

110. A. a. O.

111. Voigt, *Handbuch Staat*, 611.

112. Thomas Hobbes, *Leviathan*, trans. Jutta Schlösser（Hamburg：Felix Meiner Verlag, 1996）, 145.

113. A. a. O.

114. A. a. O.

115. A. a. O.

116. A. a. O., 176.

117. A. a. O.

塑造了他们的主权观，另一方面也影响着后世神学对上帝主权的认知和理解：主权者预设一种具有神性特征的"人格统一性和终极推动者"[118]，反过来，上帝主权的实质就是祂出令必行[119]的最高权力或者说全能（*Allmacht*），这是高高在上，"凌驾一切的权力"[120]，它根源于位格性上帝的"完满同一性"（*vollkommene Identität*）[121]，是"一个不包含任何裂缝和痛苦的整体"[122]，北森与莫尔特曼提出"上帝之痛"，显然包含对此的批判。在《上帝之痛的神学》第一章，北森提及辩证神学对一战之前欧洲文化新教的反省，尤其指出《〈罗马书〉释义（第二版）》构造了一个远离世界，与其保持无限距离的彼岸上帝。然而在他看来，二战既昭示了一出"世界悲剧"[123]，也显明了一个完全不同的上帝，这个上帝是"彻底包容我们现实的上帝"[124]和"痛苦之中的上帝"[125]，因为"上帝包容了不应被包容的东西，因此祂自己经历了破碎、伤害和痛苦"[126]。"上帝内心深处"[127]充满痛苦，因为"在上帝内部，意志彼此较量"[128]，

---

118. Carl Schmitt, *Politische Theologie*: *Vier Kapitel zur Lehre von der Souveränität*, 10. Aufl.（Berlin: Duncker & Humblot, 2015），51.

119. 比较《以赛亚书》46: 9–10 的经典表述："你们要追念上古的事，因为我是上帝，并无别神；我是上帝，再没有能比我的。我从起初指明末后的事，从古时言明未成的事，说：'我的筹算必立定；凡我所喜悦的，我必成就。'"

120. Karl Barth, *Die Kirchliche Dogmatik*, II.1, 4. Aufl.（Zollikon: Evangelischer Verlag AG, 1958），605.

121. Schmitt, *Politische Theologie*, 51.

122. Barth, *Die Kirchliche Dogmatik*, II.1, 690.

123. Kitamori, *Theologie des Schmerzes Gottes*, 18.

124. A. a. O., 24.

125. A. a. O., 21.

126. A. a. O., 18.

127. A. a. O., 145.

128. A. a. O., 17.

这一意志冲突虽然以"爱的意志"[129]取胜为结局，并最终形成统一的"救赎意志"[130]，但它却为理解上帝主权提供了新的视角：上帝的主权并非"不包含任何裂缝和痛苦的整体"，而是充满内在矛盾与痛苦的整体，尽管就外观而言，这顶"冠冕"仍旧保持完整。

上文指出，在"上帝之痛"的基督论落实上，北森的深度不及莫尔特曼，这在两者对上帝主权的理解中同样得到体现。对莫尔特曼而言，"上帝之痛"指父经受了子所经历的关系与连结的彻底丧失，焦点是子的被遗弃。如前所述，子在十字架上经历的被遗弃除了涉及父的位格，也涉及犹太律法传统和罗马帝国法律，借助"历史中的耶稣"所包含的史学维度，莫尔特曼对《海德堡论纲》进行了激进化：如果说路德意义上的十字架神学专注于隐藏在受难中的上帝，那么其在隐藏中的显明即作为受审者和被钉者的基督展现出的"人性、虚弱和愚拙"（*humanitas，infirmitas，stulticia*）[131]，在罗马帝国的权力场域[132]中，透过受审者和被钉者的身体，北森那里"上帝内心深处"的隐痛转化为莫尔特曼这里被偶在（*contingentia*）与风险[133]重重包围的"开放的可受伤性"（*offene Verwunderbarkeit*）[134]，

---

129. A. a. O.

130. A. a. O., 146.

131. Joachim Karl Friedrich Knaake, ed., *Dr. Martin Luthers Werke：Kritische Gesamtausgabe*, 1. Band（Weimar：Hermann Böhlau, 1883）, 362, 4-5.

132. Giorgio Agamben, *Pilatus und Jesus*, trans. Andreas Hiepko（Berlin：MSB Matthes & Seitz Verlagsgesellschaft, 2014）.

133. Heike Springhart, *Der verwundbare Mensch：Sterben, Tod und Endlichkeit im Horizont einer realistischen Anthropologie*（Tübingen：Mohr Siebeck, 2016）, 210.

134. Moltmann, *Der gekreuzigte Gott*, 236.

父透过子所经受的无权（*Ohnmacht*）成为一桩肉眼可见的"事件"[135]。原始基督教群体在被钉者和复活者之间建立的同一性之所以是扩展性的，就是因为被钉者的无权要被整合进复活者背后的上帝主权之中。德国公法学家施密特（Carl Schmitt）在解释其著名的"霍布斯-结晶体"[136]时强调，在霍布斯这里，"耶稣是基督"[137]这个论断既是"公共信仰"[138]的真理，也是"公共理性和公共崇拜"[139]的真理，然而，"耶稣是基督"所表达的并非两者之间扩展性的同一关系，而是同义反复，因为"耶稣是基督"的根本意义不是上帝使祂从死人中复活，而是"主权者是主权者"，这个真理成为标志"政治体系建构"[140]完工的最后一块"封顶石"[141]。施密特认为，作为真理，它无法执行自身，需要"直接性权力"（*potestas directa*）[142]发布命令，从而获得服从，换言之，"权威而非真理设制法律"（*auctoritas non veritas facit legum*）[143]。主权者创设公共崇拜，"'耶稣是基督'这个句子则用于称呼在公共崇拜中显现的上帝"[144]。"不朽的上帝"的主权以此被注入"有朽的上帝"的主权之内，成为后者的神性来源，反过来，"有朽的上帝"要求前者的主权同样不能包含任何"裂缝与痛苦"。

---

135. A. a. O., 234.

136. Carl Schmitt, *Der Begriff des Politischen：Text von 1932 mit einem Vorwort und drei Corollarien*，9，korrigierte Aufl.（Berlin：Duncker & Humblot，2015），114.

137. A. a. O.，113.

138. A. a. O.

139. A. a. O.

140. A. a. O.

141. A. a. O.

142. A. a. O.

143. A. a. O.

144. A. a. O.

与之相反，莫尔特曼把无权视为上帝主权的建构性环节，被钉者"开放的可受伤性"成为上帝主权的体现形态之一，这是他一再提及朋霍费尔（Dietrich Bonhoeffer）的名言"唯有受难的上帝才能给予帮助"[145] 的原因所在。他关注的不是苦难问题本身，而是上帝主权在被钉者身体上的落实，即无权中的主权或者说"破碎的冠冕"，这一具有悖论特征的主权形态恰恰是联结一切失丧者的"微弱的弥赛亚式力量"。需要指出，莫尔特曼对传统上帝主权概念的拆解始终处于《盼望神学》开辟的终末论视野之内，子的被钉并非"事件"的全部，此后还有子的复活、死亡的克服，"基督将来针对一切仇敌的世界统治最后也要在终末论意义上被超越，祂的统治本身并非上帝的永恒当下，而是以其终末论意义上的暂时性服务于上帝的独一全权"[146]。十字架上无权的子面向一个终末性前景，在以保罗为代表的原始基督教群体看来，祂的受审与被钉开启了通向终末审判的进程。这也就是说，十字架一方面展现了子被拒绝祂的世界[147] 所审判，另一方面揭示了世界自身将要面临的审判；"破碎的冠冕"既代表被"开放的可受伤性"所烙印的上帝主权，又揭示了"不朽的上帝"之主权与"有朽的上帝"之主权的根本差异。罗马士兵用荆棘为被钉者制作冠冕并为其加冕，俄国哲学家巴赫金（Mikhail Bakhtin）指出这其中所包含的讽刺性内涵和"狂欢式

---

145. Dietrich Bonhoeffer, *Widerstand und Ergebung*：*Briefe und Aufzeichnungen aus der Haft*，hrsg. von Christian Gremmels，Eberhard Bethge u. Renate Bethge in Zusammenarbeit mit IlseTödt（München：Chr. Kaiser，1998），534.

146. Moltmann, *Theologie der Hoffnung*，147-148.

147. Michael Welker，*Gottes Offenbarung*：*Christologie*（Neukirchen-Vluyn：Neukirchener Verlagsgesellschaft，2012），172-178.

的世界感受"[148]，在讽刺中对被钉者的加冕也是在讽刺中对自身的脱冕，"加冕和脱冕，是合二为一的双重仪式，表现出新旧交替的不可避免，同时也表现出新旧交替的创造性意义"[149]。恶的狂欢为新创造揭开序幕，保罗试图用"在万物之上，为万物之主"这个意象[150] 去描述的这个上帝主权之"新"（*Novum*）在于，它不再是不包含任何"裂缝和痛苦"的最高权力，而是把世界的偶在与风险纳入自身，并将其转化的创造之灵。[151]

六、结 语

回到引言中提出的问题，如何理解莫尔特曼对北森的评价：北森只允许痛苦"外在地"推动上帝，而他则认为上帝的痛苦应"穿透心扉"？上文提供了一个理解的角度，莫尔特曼这里强调的"内外"之别跟子在父的痛苦中扮演的角色有关，"穿透心扉"意味着父经受了子所经历的被遗弃，彻底认同子的无权处境，痛苦由此而生，而非源于为止怒而不得不杀子。从基督论这个角度来看，把父不可见的隐痛转化为子身上可见的"人性、虚弱和愚拙"，让子在无权中的痛苦成为对传统上帝主权观的解构，莫尔特曼以此不仅深化并推进了北森的思想"萌芽"[152]，更透过子的身体向度使路德原本趋于保守的十字架神学获得了激

---

148. 巴赫金：《陀思妥耶夫斯基诗学问题》，白春仁、顾亚铃等译，石家庄：河北教育出版社，1998 年，第 163 页。

149. 同上，第 163 页。

150. 参《哥林多前书》15：28。

151. Jürgen Moltmann, *Der Geist des Lebens：Eine ganzheitliche Pneumatologie*（Gütersloh：Gütersloher Verlagshaus, 2016）, 44–52. 参《约伯记》33：4。

152. 参莫尔特曼对《海德堡论纲》的批判，见 Moltmann, *Der gekreuzigte Gott*, 75。

进色彩。从各个方面来看，《被钉十字架的上帝》都是一部开放的思想经典，它呼吸着由阿登纳（Konrad Adenauer）推动的战后德法和解、德以和解，以及上世纪六十年代末欧洲社会结构性巨变之气，试图碰触的是犹太人大屠杀这段对德国与德国人而言"尚未消化的过去"（unbewältigte Vergangenheit），《盼望神学》对旧约"出埃及"传统的发掘以及对德国战后消费主义的批判都为这部反思黑暗过往的著作提供了充分的思想与心理预备，先有《盼望神学》，后有《被钉十字架的上帝》，这是符合人心规律的。

与之不同，《上帝之痛的神学》诞生的历史语境是日本的战败与战后初期，北森对战争灾难的反省聚焦在日本如何理解自身戏剧性的兴盛与衰亡，痛苦的核心是国运与父权的急转直下，荣辱交替，继而万劫不复。父的痛之所以成为北森选定的神学表达，固然是因为它关联起了三一论中的父子关系与日本传统的家庭结构，更重要的是，它折射出当时保留了天皇制的战后日本和日本国民在自我更新上面临的巨大障碍。然而，没有对战争罪责的反省和以此为基础与东亚邻国真正的和解，父的痛永远只能局限于家国，但无法包括被战争机器侵略过的其他东亚民族的真实痛苦，而作恶者和受害者之间的正义问题也将被掩盖在罪的普遍主义之下，北森的思想倾向反映了和解议题在二战之后东亚政治格局中的边缘地位。从世界神学角度来看，北森提出"上帝之痛"，把父让子死视为三一论语境中父子关系的核心，为二十世纪的上帝论与三一论作出了"添砖加瓦"意义上的实质性贡献，是东亚神学中不应被遗忘的杰出典范。

第五章
《盼望伦理》中译本导言[*]

一、引　言

2006年春，莫尔特曼八十寿诞¹，出版自传《广阔空间》²。不少人推断，莫尔特曼已达至学术生涯的终点，不会进行新的创作。出人意料的是，年逾八旬的莫尔特曼依旧笔耕不辍，以几乎两年一本的速度先后出版四部论著³，2006年成为他又一个创

---

* 本章为笔者为莫尔特曼《盼望伦理》一书所作"中译本导言"，收入本书时略作修订。

1. 为了向这位当世的伟大神学家致敬，德国与美国学界同时出版祝寿文集，这两部文集的编者是莫尔特曼目前在国际学界最为著名的两位学生：海德堡大学的系统神学家与哲学家韦尔克（Michael Welker）和耶鲁大学的系统神学家沃弗（Miroslav Volf）。参 Michael Welker and Miroslav Volf, eds., *Der lebendige Gott als Trinität: Jürgen Moltmann zum 80. Geburtstag*（Gütersloh: Gütersloher, 2006），以及 Miroslav Volf and Michael Welker, eds., *God's Life in Trinity*（Minneapolis: Augsburg Fortress, 2006）。在此之前的 2005 年，纪念《盼望神学》出版四十周年的会议文集也在德国面世：Jürgen Moltmann, Carmen Rivuzumwami and Thomas Schlag, eds., *Hoffnung auf Gott-Zukunft des Lebens: 40 Jahre "Theologie der Hoffnung"*（Gütersloh: Gütersloher, 2005）。

2. Jürgen Moltmann, *Weiter Raum: Eine Lebensgeschichte*（Gütersloh: Gütersloher, 2006）.

3. 这四部论著分别为："*Sein Name ist Gerechtigkeit*": *Neue Beiträge zur christlichen Gotteslehre*（Gütersloh: Gütersloher, 2008）；*Ethik der Hoffnung*（转下页）

作期的开始。除了这一时期的案头著述之外，莫尔特曼应邀参加各类国际学术会议不下二十次。[4] 2010 年 11 月初，莫尔特曼作主旨发言人参加了富有影响力的"北京论坛"，[5] 并在北京大学与著名新儒家杜维明对谈[6]，2014 年 10 月中旬，莫尔特曼再次造访中国，以八十八岁高龄参加中国人民大学为他组织的高级研讨会，与数十位著名学者共同探究宗教极端主义与恐怖主义问题，其思维之开阔、胸襟之宽广，给与会者留下了深刻印象。[7]

（接上页）（Gütersloh: Gütersloher, 2010）; *So komm, dass wir das Offene schauen: Perspektive der Hoffnung*（Stuttgart: Calwer, 2011）; *Der lebendige Gott und die Fülle des Lebens: Auch ein Beitrag zur Atheismusdebatte unserer Zeit*（Gütersloh: Gütersloher, 2014）。除了这四部著作以外，他也撰写了大量论文，比如 2007 年为韦尔克教授六十寿诞祝寿文集撰写的 "Auferstehung der Natur. Ein Kapitel der kosmischen Christologie," in *Gegenwart des lebendigen Christus*, ed. Günter Thomas and Andreas Schüle（Leipzig: Evangelische Verlagsanstalt, 2007），141-149; 2008 年为在图宾根大学举办的创造论与进化论大会撰写的论文 "Response to Eve-Marie Engels," in *Schöpfungsglaube vor der Herausforderung des Kreationismus*, ed. Bernd Janowski, Friedrich Schweitzer and Christoph Schwöbel（Neukirchen-Vluyn: Neukirchener Verlagsgesellschaft, 2010），107-113，2011 年为德国 *Evangelische Theologie* 杂志第 71 期撰写的涉及诠释学的论文 "'Verstehst du auch, was Dul iest?' *Neutestamentliche Wissenschaft und die hermeneutische Frage der Theologie. Ein Zwischenruf*"，2012 年为其业师韦伯的新版 Otto Weber, *Grundlagen der Dogmatik*（Neukirchen-Vluyn: Neukirchener Verlagsgesellschaft, 2013）写作的后记（载于书中第 817-824 页），以及 2013 年完成的 "Gott und die Seele-Gott und die Sinne," in *Gott-Seele-Welt. Interdisziplinäre Beitrag zur Rede von der Seele*, ed. Bernd Janowski and Christoph Schwöbel（Neukirchen-Vluyn: Neukirchener Verlagsgesellschaft, 2013），71-95。

4. 从 2006 年至今，莫尔特曼先后造访巴西、韩国、葡萄牙、比利时、法国、英国、美国和加拿大等国，在其著名学府发表演讲。比如 2011 年 10 月 31 日他在美国的埃默里大学（Emory University）发表演讲，探讨路德与十六世纪的德国宗教改革。

5. 莫尔特曼在钓鱼台国宾馆发表"危机中的生命文化"主题报告，随后在北京大学哲学与宗教学系发表题为 *Religion der Erde*（大地宗教）的演讲。

6. 莫尔特曼与杜维明的对谈聚焦于儒家传统与基督教传统中天、地与人这三个概念，参洪亮:《差异中的理解——莫尔特曼与杜维明对谈侧记》，载《道风: 基督教文化评论》35（2011）: 389-396。

7. 参 Leo Leeb, "Mit Jürgen Moltmann im Dialog-ein Gipfeltreffen in Beijing," *China Heute* 184（2014）: 234-240。

《盼望伦理》(*Ethik der Hoffnung*)一书诞生于这个新的创作期。2009年春，莫尔特曼向笔者提及这部尚在酝酿和撰写的著作，感叹此书耗费心神，不确定自己是否有足够精力和体力完成，2010年春，《盼望伦理》如期问世。这部著作在德国本土并未产生影响，读者反应平平，与之形成对照的是英语学界对此书的关注。[8] 对莫尔特曼本人而言，《盼望伦理》的出版了却了一桩个人心愿，因为早在上个世纪七十年代后期他就多次计划写作此书，却一直未能如愿。[9] 从这部著作的标题来看，莫尔特曼显然把《盼望伦理》视为《盼望神学》的一部姗姗来迟的伦理学附录，但从该书的具体篇章来看，它又超出《盼望神学》，涵盖了莫尔特曼自2006年以来日渐关注的两个论题，即生命神学(*Lebenstheologie*)与正义(*Gerechtigkeit*)问题。《盼望伦理》是莫尔特曼在新的创作期中的精神回归之作，这种新旧兼容的混合特征使两类读者迷惑和失望：对于期待读到终末论与政治伦理的读者而言，莫尔特曼谈了太多生态问题；对于对乌托邦思维[10]持保留态度，又想了解莫尔特曼当下伦理观的读者来说，《盼望伦理》在终末论语境中对"变革"世界的重新强调显得过于"一厢情愿"。如何恰当理解这部著作的内涵与价值？在勾勒该书的篇章结构之前，有三个问题需作简要说明：

---

8. 在仅仅两年之后的2012年，《盼望伦理》就被译为英文，关于该书的讨论也相当热烈。

9. 在《盼望伦理》一书的前言中，莫尔特曼写道："总之，我在七十年代末还没有准备好，但写作此书的愿望和义务直到今天还让我的神学良知感到困扰。"见莫尔特曼：《盼望伦理》，王玉静译，香港：道风书社，2015年，第1页。

10. 上个世纪冷战结束之后，与全球化、文化多元主义与文化人类学这类学术议题的兴起相伴行的是乌托邦思维的日益边缘化，时代更倾向"观察"文化多元与冲突，提倡"宽容"，避免谈及"应该做什么？"这类涉及变革现实的"宏大叙事"。

《盼望神学》中终末论与政治伦理的关系，以及上文提及的生命神学与正义问题，它们是理解《盼望伦理》的思想准备。

二、《盼望神学》的终末论与政治伦理

与巴特的《〈罗马书〉释义（第二版）》相似 [11]，《盼望神学》强调了终末论在整个教义学中的优先性："终末论所关涉的其实是基督教意义上的盼望学说，它既包括那个被期盼的对象，也涵盖了由祂而引发的盼望，基督教彻头彻尾就是终末论，它并非只是附录意义上的终末论，它是盼望、远眺和朝向前方的定向，因此也意味着觉醒和对当下的转化。" [12] 简而言之，终末论的优先地位表明了盼望（*Hoffnung*）的奠基性意义，基督教对将来（*Zukunft*）的这种关注不同于未来学，因为它所盼望的将来并非毫无确切内涵的空洞将来，而是耶稣基督的将来（*Zukunft Jesu Christi*），即基督的再临（*Parusie Christi*），终末论的基础是基督论 [13]。早在被莫尔特曼本人视为《盼望神学》序曲之一的《释经与历史的终末论》（Exegese und Eschatologie der

---

11. 巴特在 1920 年的《对当今神学的未解之问》一文中首次明确指出了神学终末论化的必要性："一种敢于成为终末论的神学将不仅是一种新的神学，也是一种新的基督教。"见 Karl Barth, *Gesamtausgabe Abteilung III*：*Vorträge und kleinere Arbeiten 1914–1921*, ed. Hans-Anton Drewes（Zürich：Theologischer Verlag, 2012），660。在 1922 年的《〈罗马书〉释义（第二版）》中，这个思想被激化为一个著名的表述："基督教如果不是彻头彻尾的终末论，那它就和基督彻头彻尾地不相干。"见 Karl Barth, *Der Römerbrief*（Zweite Fassung）1922, 430。

12. Jürgen Moltmann, *Theologie der Hoffnung*：*Untersuchung zur Begründung und zu den Konsequenzen einer christlichen Eschatologie*, 14. Aufl.（München：Chr. Kaiser, 2005），11–12.

13. 参 Michael Welker, "Zukunftsaufgaben evangelischer Theologie：Nach 40 Jahren, *Theologie der Hoffnung* von Jürgen Moltmann," in Moltmann, Rivuzumwami and Schlag, *Hoffnung auf Gott-Zukunft des Lebens*, 216ff.。

Geschichte）[14]一文中，他已和布洛赫（Ernst Bloch）一样开始关注"隐蔽的人"（*homo absconditus*）[15]，也即其真正本质尚待显露于未来客观历史进程中的人类，但区别于后者的是，莫尔特曼强调人类未来的历史从属于"基督的历史"[16]，在 1964 年的《盼望神学》中，这一表述被修正并固定化为"耶稣基督的将来"[17]。唯有在耶稣基督的将来之中才能谈论人类的未来，这是《盼望神学》的立足点。

"耶稣基督的将来"在《盼望神学》中连接起三条思想线索[18]：第一条线索是上帝的"应许"（*Verheißung*），它的具体体现即旧约中的雅威上帝与挪亚、亚伯拉罕和以色列的立约（*Bund*）行为：雅威要做以色列的神，以色列要成为雅威的子民，这一盟约显示了"应许"的律法特征。为了批判巴特《教会教义学》的基督中心论、布尔特曼的神学生存论以及潘能伯格《作为历

---

14. Jürgen Moltmann，"Exegese und Eschatologie der Geschichte，" in *Perspektiven der Theologie: Gesammelte Aufsätze*（München：Chr. Kaiser，1968），90ff. 在这篇写于 1961 年的长文中，莫尔特曼批判了历史科学中的实证主义与哲学生存论，力图在前者的过度客观主义和后者的过度主观主义之间探索一条中间道路。此时他借助的思想元素主要有两个：其一是图宾根新约学家凯瑟曼对新约复活观的犹太启示论（*Apokalyptik*）背景的强调，其二是巴特在《〈罗马书〉释义（第一版）》中对信仰所做的新定义，即信仰并非人的虔敬状态，而是上帝之忠信（*Treue Gottes*）。这两个元素的组合使得莫尔特曼在 1961 年就已得出如下结论：基督的复活及其预示的死人复活的终末论前景是上帝之忠信的体现，人类要在这个包罗万象的终末视野中理解自己的未来，成为上帝在历史中的能力的见证者。这篇文章在当时的德国新教神学协会内部引起了较大反响，参 Moltmann，*Weiter Raum*，86-87。

15. Moltmann，*Theologie der Hoffnung*，263. 参 Ernst Bloch，*Das Prinzip Hoffnung*，Bd.1（Frankfurt：Suhrkamp，1967），132ff.。

16. Moltmann，"Exegese und Eschatologie der Geschichte，" 89.

17. Moltmann，*Theologie der Hoffnung*，184ff.

18. 参 Moltmann，*Weiter Raum*，106-107。

史的启示》（*Offenbarung als Geschichte*）[19]中的历史观，《盼望神学》开篇探讨的概念并非"应许"，而是"启示"（*Offenbarung*）。莫尔特曼强调"启示"概念的应许性质，"启示"并非雅威上帝在当下的"神显"（*Theophanie*），而是祂在"信实"（*Treue*）之中对将来的应许，这一应许不断为人类打开新的历史可能性。第二条线索是被钉十字架的基督的"复活"（*Auferweckung*），莫尔特曼将其等同为雅威上帝对其全部创造物之未来的一桩应许，在基督再临之时，这一应许将进入完全实现的阶段。基督复活是对死人复活、雅威的荣耀国度及永恒生命的终末启示（*Apokalypse*）和保证，而耶稣基督的将来则包含了正义、生命、上帝国和人类自由的未来。第三条思想线索是在耶稣基督的将来这一终末语境中的人类历史，人类在对上帝应许的盼望中理解并实现自己的人性。这三条线索的组合形成了《盼望神学》的理论视野，也为莫尔特曼此后的思想发展奠定了基础。

在"耶稣基督的将来"之中交汇的这三条线索显示出鲜明的实践指向：上帝的应许表明其为将来之主，基督的复活则是其"将来之力"（*Macht der Zukunft*）的确据，人透过历史实践的"盼望之力"（*Kraft der Hoffnung*）回应这个神性的将来之力。莫尔特曼在《盼望神学》中对"可能性"（*Möglichkeit*）这个概念的处理集中体现了这一点，他从实践角度把"现实性"（*Wirklichkeit*）解释为未来潜在"可能性"的实现[20]，在此意义

---

19. Wolfhart Pannenberg, *Offenbarung als Geschichte*（Göttingen：Vandenhoeck & Ruprecht，1961）.

20. 布洛赫对莫尔特曼的影响在这一点上体现得尤为明显，参 Bloch, *Das Prinzip Hoffnung*，Bd.1，258ff.。

上，"可能性"和"现实性"这两个范畴的区别被换算为尚未实现的"可能性"与已然实现的"可能性"之间的差异。在《盼望神学》面向将来的终末论语境中，"可能性"具有两个含义：其一是雅威对基督和受造世界的应许，其二是人类行为必然蕴含的历史视域（*Horizont*），人类要借助雅威在基督中的应许打开自身视域，以正义、生命和上帝国转化世界现实，莫尔特曼将这个过程称为"世界在使命中的历史化"[21]。在《盼望神学》中，复活并未取消十字架及其所象征的与应许相抵触的现实，相反，对耶稣基督之将来的盼望将人类置于尚未实现的"可能性"和已然实现的"可能性"的张力之中。

《〈罗马书〉释义（第二版）》与《盼望神学》在终末论方案上差异在于，后者为人类的历史实践提供了空间，前者则倾向于取消它们。对二十世纪二十年代初的巴特而言，人的实践即罪的展开，"辩证神学"的终末论呈现了一种张力结构：一边是濒临绝境的人，另一边则是永恒的上帝，人回避上帝之时，上帝是绝对否定他的审判者，人承认身处绝境之时，上帝是绝对肯定他的拯救者，面向上帝，人才能绝处逢生。《〈罗马书〉释义（第二版）》中包含不少关于"可能性"的著名表述，尤其是以下两类：一类是"人的可能性"（*Die menschliche Möglichkeit*），其意义并非人的潜能，而是人在历史中最终所能企及的极限：罪与死亡，另一类是"上帝的可能性"（*Die göttliche Möglichkeit*），即上帝不可测度的权能与

---

21. Moltmann, *Theologie der Hoffnung*, 265ff.

恩典，祂在人类历史中贯彻自己通过基督复活得到证明的正义，赦免人的罪恶，上帝的可能性对人而言是"不可能的可能性"（*Die unmögliche Möglichkeit*），因为上帝的作为超出人的理解范围。巴特认为，在人的领域里毫无正义可言，伦理也完全不可能，唯一可能的选项是在上帝面前的"献祭"（*Opfer*）[22]。这个概念的圣经来源为《罗马书》12:1 中的"将身体献上，当作活祭"，巴特以此所要表达的是人在上帝面前需要"忏悔"（*Buße*），承认人的时间在上帝的永恒之前的无意义，在此基础上，伦理行为才重新成为可能。巴特此时构思的是一种排他性基督教伦理学，他关注的是伦理学不要像他所批判的文化新教（*Kulturprotestantismus*）那样把康德的义务伦理学引为前提，相反，"上帝就是上帝，这才是伦理学的前提"[23]。在这个意义上，《罗马书》12:2 中的"不要效法这个世界，只要心意更新而变化"意味着对世界所代表的一切人类可能性的绝对否定，在《盼望神学》这里，人不要效法的是世界的既成状态，"心意更新"的方向是应许所开辟的历史实践的可能性，人要在盼望之中使将来的可能性与当下的现实性在历史中相遇。尽管莫尔特曼对人类实践潜能的理解不同于巴特，但其出发点却与巴特并无二致：理解人类历史实践的基础并非人的人格、禀赋、需求或价值，而是上帝在历史之中独一无二的权能。相较巴特对上帝主权震慑罪恶的当下性（*Gegenwart*）的强调，莫尔特曼更看

---

22. Barth，*Der Römerbrief*（Zweite Fassung）1922，571ff. 参 Alexander Maßmann，*Bürgerrecht im Himmel und auf Erden：Karl Barths Ethik*（Leipzig：Evangelische Verlagsanstalt，2011），45ff.。

23. Barth，*Der Römerbrief*（Zweite Fassung）1922，592.

重这一主权开启人类未来的应许特征。在《盼望神学》中，终末论意味着人类的历史视域在应许之中不断开显，伦理实践则意味着人带着"受难记忆"（*memoria passionis*）[24]，响应上帝对将来的正义、生命和上帝国的应许这一神性的可能性。

与莫尔特曼类似，潘能伯格同样强调上帝在基督复活中的"终末性自我证明"（*eschatologischer Selbsterweis*）[25]，但其关注点则是由此出发对作为历史的世界现实作哲理神学式的整体观照（*Totalanschauung*）。[26] 在历史终局才会完整启示自身的上帝奠定了现实的整体性、统一性与可理解性，上帝概念与由形而上学所担保的世界概念[27]不可分割，潘能伯格反复强调这两个基本概念的彼此归属，这根源于他对整个近代神学过度抽离于客观世界，偏向信仰主体的批判性反思。[28] 对他而言，终末的将来之神为神学家们提供了一种足以与哲学家竞争的关于世界的整体性理解。尽管他在著名的《人是什么？从神学看当代人类学》（*Was ist der Mensch? Die Anthropologie der Gegenwart im Lichte der Theologie*）一书中提出了人"面对世界的开放性"

24. 参 Johann Baptist Merz, *Memoria passionis：Ein provozierendes Gedächtnis in pluralistischer Gesellschaft*（Freiburg：Herder, 2006）。

25. Pannenberg, "Dogmatische Thesen zur Lehre von der Offenbarung," in *Offenbarung als Geschichte*, 109.

26. Wolfhart Pannenberg, "Heilsgeschehen und Heilsgeschichte," in *Grundfragen systematischer Theologie：Gesammelte Aufsätze*, Bd.1（Göttingen：Vandenhoeck & Ruprecht, 2011）, 234.

27. Wolfhart Pannenberg, *Metaphysik und Gottesgedanke*（Göttingen：Vandenhoeck & Ruprecht, 1988）, 9ff.

28. Wolfhart Pannenberg, *Problemgeschichte der neueren evangelischen Theologie in Deutschland：Von Schleiermacher bis zu Barth und Tillich*（Göttingen：Vandenhoeck & Ruprecht, 1997）, 46ff.

（*Weltoffenheit*）和"面对上帝的开放性"（*Gottoffenheit*）[29]，但此种"开放性"指的首先是人朝向更加整全的世界经验与上帝经验的自我超越，其首要特征是文化哲学的，而非伦理的与政治的。当莫尔特曼谈及人在面向未来的开放性时，他更关注黑格尔左派意义上的人类实践，它推动着历史现实朝向将来之上帝所应许的可能性进行转化。

《盼望伦理》所提供的正是这种意义上的"转化伦理学"（*Transformative Ethik*）[30]，它不是伦理学教科书，也不探讨一般性的伦理学类型和原则，只试图提出"盼望视野中的行动建议"[31] 以及使具体行动成为可能的"盼望的勇气"（*Mut der Hoffnung*）[32]。《盼望伦理》的第一章"终末论与伦理学"集中体现了这一点。

三、《盼望神学》的自我批判与生命神学

自 1964 年写出《盼望神学》之后，莫尔特曼便试图拓宽终末论将来向度的内涵，将其整合进传统教义学结构之内，由此建构的理论体系便是所谓的"弥赛亚神学"[33]。早在 1967 年，东德神学家欣茨（Christoph Hinz）就已指出，莫尔特曼仅仅从应许这个角度界定雅威与以色列的关系，回避了上帝当下临在于以色

29. Wolfhart Pannenberg, *Was ist der Mensch? Die Anthropologie der Gegenwart im Lichte der Theologie*（Göttingen：Vandenhoeck & Ruprecht，2011），40.
30. Moltmann，*Theologie der Hoffnung*，58.
31. A. a. O.，13.
32. A. a. O.，14.
33. Jürgen Moltmann，*Gott in der Schöpfung：Ökologische Schöpfungslehre*（München：Chr.Kaiser，2016），14.

列的事实，因为带领以色列人出埃及的上帝绝非只是一个将来
之神，袖也是在云与火中和以色列全家同在的当下之神 [34]（出 40：
34-38）。这个批评一语中的，对莫尔特曼的刺激很深，以至于他
在几十年之后的自传《广阔空间》中对此还念念不忘，强调自己
是在回应欣茨的批评中才找到了犹太教的舍金纳（Schechinah）[35]
概念，用以描述雅威在以色列子民中的寓居。莫尔特曼以《出
埃及记》29：45 的经文"我要住在以色列人中间，作他们的上
帝"为依据，提出了雅威对以色列的立约应许包含其在以色列人
中的"寓居应许"（Einwohnungsverheißung）这个思想，并区分了
出埃及时期的舍金纳、被掳时期的舍金纳与以"道成肉身和圣灵
浇灌"为标志的基督教的舍金纳。舍金纳是雅威应许之言的对
应物，是将来之神真实的当下临在，这一思想在莫尔特曼后来的
创造论 [36] 中连接起了雅威的原初创造与在基督之中全新的终末创
造，开辟出他在上个世纪七十年代末至八十年代末探索基督论与
圣灵论的思想空间。从在历史中指引未来的应许之神到在生态与
创造之中灵性寓居并安息的上帝，从人类历史到人与自然共有的
历史，莫尔特曼将这一转变视为自己神学视野的"具决定性意义
的拓展" [37]，记录这一转变的著作便是"弥赛亚神学"系列的第二

34. Christoph Hinz, "'Feuer und Wolke im Exodus': Kritisch-assistierende
Bemerkungen zu Jürgen Moltmanns Theologie der Hoffnung," in Diskussion über
die "Theologie der Hoffnung", ed. Wolf-Dieter Marsch（München：Chr. Kaiser,
1967），125-161.

35. Moltmann, Weiter Raum, 107. 莫尔特曼对舍金纳概念的理解受到了犹太哲学家
罗森茨威格（Franz Rosenzweig）的著作《救赎之星》（Der Stern der Erlösung）决
定性的影响。见 Franz Rosenzweig, Der Stern der Erlösung, 3. Aufl.（Heidelberg：
Lambert Schneider, 1954），192ff；另参 Moltmann, Gott in der Schöpfung, 29。

36. Moltmann, Gott in der Schöpfung, 23ff.

37. Moltmann, Weiter Raum, 206.

部——《创造中的上帝》(*Gott in der Schöpfung*)。

在《创造中的上帝》第十章"身体性作为上帝一切工作之目的"中,莫尔特曼从旧约人类学[38]出发批判了柏拉图、笛卡儿和巴特高抬灵魂,贬抑肉体[39]的倾向,强调灵魂与肉体的"交互寓居"(*Perichoresis*)[40],在此基础之上,他进一步提出人的灵魂和肉体都被上帝的"创造之灵"(*schöpferischer Geist*)[41],即造物主在受造物中的临在,所充溢。按照莫尔特曼的理解,这个"创造之灵"不同于新约中的"圣灵"(*Heiliger Geist*),后者是拯救人以及使人成圣的灵,代表着进行救赎与新创造的上帝之临在。[42]圣灵转化"创造之灵"和被"创造之灵"充溢的人,成为其灵魂与肉体新的"推动力"(*Treibkraft*)[43],在此意义上,圣灵是"生命之灵"(*Geist des Lebens*)[44],持续引发"对生

---

38. 在此作为莫尔特曼思考依据的是德国旧约学者汉斯·沃尔特·沃尔夫(Hans Walter Wolff)写于 1973 年的名著《旧约人类学》(*Anthropologie des Alten Testaments*)。沃尔夫强调,旧约超越了灵魂与肉体的对立,重视对人的整体性理解,这首先体现于旧约从功能及功能的表达角度来认识人的器官和身体性。沃尔夫的后辈学者亚诺夫斯基(Bernd Janowski)将这一认识概括为"身体图像与社会结构的相关性",并将其应用于《诗篇》研究中,产生较大影响,推动了德国旧约人类学研究在晚近的发展。见 Hans Walter Wolff, *Anthropologie des Alten Testaments*: *Mit zwei Anhängen neu herausgegeben*, ed. Bernd Janowski (Gütersloher: Gütersloher, 2010);另参 Bernd Janowski, *Konfliktgespräche mit Gott*: *Eine Anthropologie der Psalmen*, 3. Aufl. (Neukirchen-Vluyn: Neukirchener Verlagsgesellschaft, 2009)。

39. Moltmann, *Gott in der Schöpfung*, 251ff. 女性主义神学对身体性的反思显然也影响了莫尔特曼。

40. A. a. O., 262ff. 莫尔特曼这里使用了自己的三一论术语,参 Jürgen Moltmann, *Trinität und Reich Gottes*: *Zur Gotteslehre* (Gütersloher: Gütersloher Verlagshaus, 2016), 191ff.

41. Moltmann, *Gott in der Schöpfung*, 266.

42. A. a. O., 266–267.

43. A. a. O., 267.

44. A. a. O., 272.

命的肯定"（*Lebensbejahung*）[45]，也即在爱中无条件地接纳生命全部的欢乐与痛苦。[46]自 1985 年《创造中的上帝》一书问世之后，圣灵更新生命的力量及其引发对生命的接纳与肯定便成为莫尔特曼神学的一个固定音符，六年之后，它和三一论共同建构了莫尔特曼的《生命之灵》（*Der Geist des Lebens*）一书的思想骨架。[47]该书第二部分的标题为"灵中的生命"（*Das Leben im Geist*），聚焦圣灵使生命生机勃勃，唤醒生命自爱与彼此团结的活力，在此意义上，莫尔特曼把德国虔敬主义者奥廷格（Friedrich Christoph Oetinger）写于 1765 年的《由生命思想推导出的神学》（*Theologia ex idea vitae deducta*）[48]视为心目中的理想神学。1997 年，莫尔特曼推出《生命之灵》的简化版《生命的源泉》（*Die Quelle des Lebens*），并在该书的副标题正式提及"生命神学"[49]。对理解莫尔特曼二十世纪九十年代中后期以来的思想变化来说，这条线索比较重要，但它在目前的莫尔特曼研究中未得到应有的关注。接续以圣灵论为基础的"生命神学"，晚年的莫尔特曼逐渐形成"生命文化"（*Kultur des Lebens*）[50]这一思路，其核心内涵是以作为上帝造物的人类生命之价值对抗生态、社会与政治领域中的各类虚无主义，这个思路在"弥赛亚神学"

---

45. A. a. O.，271.

46.《盼望神学》包含一种以应许为基础的生命观，即个体生命因从复活盼望中得力，从而生发对生命的热爱，莫尔特曼在《盼望神学》导言第四节中曾略微提及这个向度，但并未展开，见 Moltmann, *Theologie der Hoffnung*, 26–27。

47. Jürgen Moltmann, *Der Geist des Lebens：Eine ganzheitliche Pneumatologie*（München：Chr. Kaiser, 1991）.

48. Moltmann, *Der Geist des Lebens*, 12.

49. Jürgen Moltmann, *Die Quelle des Lebens：Der Heilige Geist und die Theologie des Lebens*（Gütersloh：Chr.Kaiser, 1997）.

50. Moltmann, *Weiter Raum*, 332.

系列的终末论部分，即《上帝的来临》(*Das Kommen Gottes*) 中得到极为精彩的发挥。[51] 莫尔特曼在该书的终末论语境中把上述各类虚无主义概括为"启示论虚无主义"(*Apokalyptischer Nihilismus*) [52]，指出其将在以雅威上帝的全新创造为核心的"宇宙性终末论"(*kosmologische Eschatologie*) 中被扬弃的前景。在出版于 2014 年的《永活的上帝与生命的充盈》(*Der lebendige Gott und die Fülle des Lebens*) 中，莫尔特曼再次提及生命神学，并从这角度重新阐发了上帝的属性及其受难的意义。[53]《盼望伦理》第二章"一种生命伦理"[54] 宜在以上勾勒的语境中来理解。

四、正义问题

生命神学与生命文化的意旨在于唤醒史怀哲意义上"对生命的敬畏"(*Ehrfurcht vor dem Leben*) [55]。对莫尔特曼而言，敬畏生命不仅体现道德态度，它也具备规范性内涵，这一内涵的集中体现便是以肯定生命为核心的正义观。《盼望神学》也涉及正义问题[56]，但其理论渊源是近代早期的盟约

---

51. Jürgen Moltmann, *Das Kommen Gottes：Christliche Eschatologie*, 2. Aufl. (Darmstadt：Wissenschaftliche Buchgesellschaft, 2005), 253ff.
52. Moltmann, *Weiter Raum*, 332.
53. Moltmann, *Der lebendige Gott und die Fülledes Lebens*, 47ff. 莫尔特曼在《被钉十字架的上帝》一书中对上帝受难这个问题的处理更为著名，但其框架是三一论的，参 Jürgen Moltmann, *Der gekreuzigte Gott：Das Kreuz Christi als Grund und Kritik christlicher Theologie*, 7. Aufl. (Gütersloher：Chr. Kaiser/Gütersloher, 2002), 222ff.
54. Moltmann, *Theologie der Hoffnung*, 61ff.
55. Albert Schweitzer, *Die Lehre von der Ehrfurcht vor dem Leben：Grundtext aus fünf Jahrzehnten* (München：C.H.Beck, 2013).
56. Jürgen Moltmann, *Politische Theologie-Politische Ethik* (München：Chr. Kaiser, 1984), 34ff.

神学[57]，针对的现实语境一方面是阿登纳（Konrad Adenauer）时代的保守倾向和德国社会在二战之后的悲观主义，另一方面则是民权运动、古巴革命和梵二会议传达出的变革精神。进入八十年代，莫尔特曼把这个解放主题扩展至对自然与身体性（Leiblichkeit）[58] 的反思：正义不仅是人的解放，也是自然的解放；不仅是男性的解放，也是女性的解放。与之相比，莫尔特曼晚年的正义观具有截然不同的理论质地，其形成与发展经历了如下三个阶段。

1995 年，《上帝的来临》一书问世。在该书第三章"上帝国：历史的终末论"中，莫尔特曼追随以布卢姆哈特（Christoph Blumhardt）为代表的符腾堡虔敬主义，拒绝把末日审判等同于部分人上天堂、部分人下地狱的"双重结局论"（doppelter Gerichtsausgang），赞同"万有和解论"（Allversöhnung），即包括人类在内的整个受造世界在终局的拯救和转化。[59] 在他看来，"双重结局论"在现代世界的流行并非偶然，它符合近代以来人类中

57. 莫尔特曼和加尔文宗的思想渊源与其在哥廷根大学的博士导师韦伯有关，有关韦伯的详细生平参见莫尔特曼为其 *Grundlagender Dogmatik* 2013 年版写作的后记（参注 3）。1949 至 1950 年冬季学期，韦伯接受莫尔特曼为博士生，论文主题为十七世纪法国胡格诺派（*Hugenotten*）神学家阿米劳特（Moyse Amyraut）。以此为契机，莫尔特曼接触到同时期的苏格兰加尔文宗神学家卡麦罗（John Camero）、荷兰以及瑞士的加尔文宗传统，眼界大开，从此对十七世纪的西欧加尔文宗神学产生了持续长达十多年的浓厚兴趣。参 Moltmann, *Weiter Raum*, 54-55。参维特对这一问题的杰出重构：John Witte, *The Reformation of Rights: Law, Religion and Human Rights in Early Modern Calvinism*（Cambridge: Cambridge University Press, 2008）。1977 年，莫尔特曼参与起草了世界加尔文宗联盟（*Reformierter Weltbund*）的人权宣言。参 Moltmann, *Weiter Raum*, 208ff.。
58. 在莫尔特曼的生态神学中，自然从人的压迫下得解放与从犹太教安息日（*Sabbat*）角度对自然的圣化是一枚硬币的两面。参 Moltmann, *Gott in der Schöpfung*, 281ff.。
59. Moltmann, *Das Kommen Gottes*, 268-269.

心主义的需求，内在信仰成为衡量一切的尺度。[60] 这里涉及对末日审判的根本性追问：末日审判究竟是人类信仰意志的表达，还是上帝救赎意志的体现？莫尔特曼认为，救赎涵盖万有，这是因末日审判基于上帝以恩典为中心的正义。[61] 由末日审判这个传统终末论主题出发，退休之后的莫尔特曼把注意力逐渐转向上帝的正义，区别于早年对人类政治正义问题的关注。

2005 年初，莫尔特曼与图宾根旧约学者亚诺夫斯基[62] 合开高级研讨课 "上帝是惩罚人的审判者吗？"[63]，吸收后者对包括旧约在内的古代近东正义概念[64] 的研究成果，强调上帝审判中的正义[65] 兼具宇宙性和拯救性。古代近东宗教有把太阳神当作宇宙秩序的保障者[66] 这个传统，其保障原则便是正义。[67] 作为太阳神权能的代理者，君王要以此正义为准则，施行仁政，仁政的果效即自然的丰产，暴政动摇正义原则，带来自然灾害，正义维持人事的合宜，保障宇宙的正常运转。这种具有宇宙论内

---

60. A. a. O., 272–273.

61. A. a. O., 284.

62. 参注 38。

63. 莫尔特曼在这个研讨课上的发言被收录在 2008 年出版的 *Sein Name ist Gerechtigkeit* 一书中。

64. 参 Bernd Janowski, Die rettende Gerechtigkeit：Beiträge zur Theologie des Alten Testaments 2（Neukirchen-Vluyn：Neukirchener, 1999），以及 Jan Assmann, Bernd Janowski and Michael Welker, Gerechtigkeit：Richten und Retten in *der abendländischen Tradition und ihren altorientalischen Ursprüngen*（München：Wilhelm Fink, 1998）。

65. Moltmann, *"Sein Name ist Gerechtigkeit,"* 119ff.

66. 参亚诺夫斯基在这个领域的奠基性研究：Bernd Janowski, *Rettungsgewissheit und Epiphanie des Heils：Das Motiv der Hilfe Gottes "am Morgen" im Alten Orient und im Alten Testament*, Band 1, *Alter Orient*（Neukirchen-Vluyn：Neukirchener Verlag, 1989），30ff.。

67. 亚诺夫斯基在自己的《诗篇》研究中把这个正义称为 "连接性的正义"（*Konnektive Gerechtigkeit*），参 Janowski, *Konfliktgespräche mit Gott*, 138。

涵的正义观与罗马法传统中的正义观大异其趣，后者关注个人得其应得，是"分配性正义"（*justitia distributiva*），前者看重君王代表的法政秩序救助处于弱势者，是"拯救性正义"（*rettende Gerechtigkeit*）。古代近东正义观这两个侧面符合莫尔特曼万有和解论的内在指向：末日审判的最终目标是上帝更新宇宙万物的全新创造，它不是以作恶者（*Täter*）为中心的赏善罚恶，而是以受害者（*Opfer*）为导向的伤痛修复与灵性安慰。[68] 从晚近旧约研究中的上帝正义概念出发，莫尔特曼重拾奥斯威辛问题，但讨论重点已不是被钉十字架的上帝如何承负现代历史，而是受害者与作恶者在审判中的关系：受害者的记忆[69] 不会因作恶者得到惩罚就此终止，作恶者不会因受害者的原谅便不再是作恶者，但在终末的审判席前，受害者和作恶者的运途紧密相连，两者都要在拯救性正义中得救，泪水和恶行却最终要被抹去。

在对施密特（Carl Schmitt）[70] 的政治哲学和伊斯兰国（ISIS）的宗教恐怖主义的批评中，莫尔特曼为拯救性正义添加了新内涵：上帝的正义消弭敌对、肯定生命，它支持的不是正义战争

---

68. Moltmann, "*Sein Name ist Gerechtigkeit*," 125ff.

69. Jürgen Moltmann, "Das Geheimnis der Vergangenheit," in *Das Geheimnis der Vergangenheit*：*Erinnern-Vergessen-Vergeben-Loslassen-Anfangen*（Neukirchen-Vluyn：Neukirchener, 2012 ）, 98ff.

70. 众所周知，莫尔特曼和默茨（Johann Baptist Metz）早年提出"新政治神学"就是为了区别于施密特的"政治神学"，当时的批判重心在于个人权利问题，理论基础是欧洲近代早期的盟约神学。他晚近对施密特的重新批判与后者在北美及中国的流行不无关系，其批判重心转变为施密特的敌友思维对小布什以来的美国政府外交的负面影响。参 Moltmann, Politische *Theologie-Politische Ethik*, 124ff; Jürgen Moltmann, "Politische Theologie in ökumenischen Kontexten," in *Politische Theologie*：*Neuere Geschichte und Potenziale*, ed. Francis Schussler Fiorenza, Klaus Tanner and Michael Welker（Neukirchen-Vluyn：Neukirchener, 2011 ）, 1–10。

（*gerechter Krieg*），而是正义和平（*gerechter Frieden*）[71]。美苏争霸时代，里根（Ronald Reagan）相信有生之年会经历核战意义上的"哈米吉多顿"[72]，彼时的苏联成为代表上帝的美国在末日终极之战中要消灭的魔鬼，小布什政府延续这一思维，在911恐怖袭击之后对基地组织宣战，以反恐为名发动阿富汗战争，在莫尔特曼看来，美国全球控制战略以敌友思维为基础，进入二十一世纪，这一思维加深了全球政治共同体内部的分裂。伊斯兰宗教极端势力在信仰者和不信者之间制造出的鸿沟是这种敌友思维的宗教版本：不信者都是真主的敌人，对敌人要打击和消灭。穆拉·奥玛尔（Mullah Omar）的一句话给莫尔特曼留下深刻印象："你们热爱生命，我们热爱死亡。"[73]伊斯兰宗教极端主义者并非强调慈悲的伊斯兰宗教精神的代表，把死亡当成"上帝"，把自己视作末日来临时的审判者，他们的恐怖主义杀戮和自杀不是献祭，而是发端于绝望[74]的恶行，煽动的是对生命的轻蔑和对刻意制造出的敌人的仇恨。莫尔特曼提出对生命的敬畏和克服对立的"爱仇敌"（*Feindesliebe*），其意图不是宣扬和平主义教条，而是要从心灵层面摆脱敌友思维以及对仇敌的妖魔化。认识仇敌的真实状况和仇恨的真正来源，唤醒对生命的热爱，唯有在此基础之上才有可能建立正义和平。《盼望伦理》第四章"公义和平伦理"便是这一思想的具体总结。

---

71. Moltmann, *Ethik der Hoffnung*, 211ff.

72. 参《启示录》16: 14-16："他们本是鬼魔的灵，施行奇事，出去到普天下众王那里，叫他们在上帝全能者的大日聚集争战……那三个鬼魔便叫众王聚集在一处，希伯来话叫作哈米吉多顿。"

73. Moltmann, *"Sein Name ist Gerechtigkeit*," 133.

74. A. a. O. 132ff.

五、《盼望伦理》：结构与内容

《盼望伦理》一书由五章组成，标题依次为"终末论和伦理""一种生命伦理""地球伦理""公义和平伦理"和"以上帝为乐——审美的对位"。第一章提供全书的理论基础，第二至四章先后阐发了个体生命伦理、地球生态伦理和政治伦理，最后一章则在安息日和复活语境中重申和平问题，结束全书。

朝向将来的终末论要成为个体生命伦理、地球生态伦理和社会伦理的基础，这是《盼望伦理》的理论目标，莫尔特曼把能够整合这三个伦理实践领域的终末论称为"转化的终末论"（*Transformative Eschatologie*），与此相对应的伦理学则是"转化的伦理学"。《盼望伦理》中的"转化"（*Transformation*）一词与《盼望神学》的"可能性"概念一脉相承，意指从可能性角度对现实的转变，与《盼望神学》区别之处在于，需要被"转化"的现实不仅包括群体的社会现实，也涵盖了个体的生命现实和地球的生态现实，以应许为导向的"转化伦理学"着眼于推动这三类领域的转变。针对 2008 年以来国际金融危机造成的全球不确定性，《盼望伦理》则试图传递应许的确定性，修复地球生态、整合个体生命与维护社会正义。[75]

莫尔特曼认为，基督教伦理学的不同类别根源于其终末论和基督论的差异，因此《盼望伦理》首先讨论伦理学与终末论

75.《盼望伦理》中没有明确提及经济伦理问题，莫尔特曼一方面认为个体生命伦理和地球生态伦理已部分涉及经济发展模式问题，侧重"全球经济民主化"，另一方面他觉得自己拿不出具体可行的全盘经济伦理方案，解决全球化的负面效应。参 Moltmann，*Ethik der Hoffnung*，16。

的关系。他列出四种终末论类型及其蕴含的伦理学：一、"启示论式终末论"（*Apokalyptische Eschatologie*）与路德宗伦理学；二、"基督论式终末论"（*Christologische Eschatologie*）和加尔文宗伦理学；三、"分离主义式终末论"（*Separatistische Eschatologie*）和重洗派（*Täufer*）伦理学；四、"转化的终末论"（*Transformative Eschatologie*）与盼望神学的伦理学。

在第一节"启示论式终末论"中，莫尔特曼以路德宗的"两国论"展开论述，他援引路德宗的经典解释，把两国论的语境界定为上帝和魔鬼为争夺世界统治而进行的终局争战（*Endkampf*）。为了限制魔鬼的能力，上帝设立两个相异并互补的王国："世俗的王国"与"灵性的王国"，前一个王国通过律法、理智与刀剑维持和平与秩序，后一个王国借助上帝的灵与言获得信仰与拯救，两个王国不应混淆界线，"在与魔鬼的斗争中，教会与世俗的秩序将会紧密联系在一起"。[76] 对路德的这个学说，莫尔特曼提出两个批评：首先，它从上帝与魔鬼的终局争战来理解基督，却没有能从基督这里看到历史与历史的终结，基督是历史之主，宣告对罪、死亡与魔鬼的胜利。与此相应，世俗秩序被视为上帝权能的代表，却未被理解为朝向未来敞开的过程，上帝国的正义与和平将实现于其中；其次，这个学说认为，世俗律法统治"世俗王国"，而且它不包含判断自身正义与否的标准。

在批判路德政治神学的基础上，莫尔特曼引入对施密特的探讨。他认为，施密特的政治神学同样来源于一种终局争战的

---

76. Moltmann, *Ethik der Hoffnung*, 29.

思维，上帝的启示区分出信仰者和不信者，但不信者并非无力信仰，而是有意与上帝为敌，"施密特在其政治学中称为敌友关系的东西，根源于这种信仰与不信的区分"[77]。政治上的敌与友、基督教传统中的撒但与上帝最终要在具有世界史意义的终局大战中相遇，在此语境中，施密特多次提及《帖撒罗尼迦后书》2：7-8 中"拦阻者"（*Katechon*）[78] 这一概念。对施密特而言，"拦阻者"这个概念从三方面奠定了基督教世界内历史现象的可理解性：首先，它解释了基督再临的延迟，但不以放弃对基督再临的盼望为代价；其次，它说明了为什么基督降世之后历史仍在延续；最后，它给予国家一种救赎史意义：基督降世和再临之间的每一个世代都应有一个"拦阻者"，这个"拦阻者"就是国家。这个学说把国家的任务界定为"抑制邪恶、混乱与无政府，并赋予其一种启示论意义上的正当性"[79]。莫尔特曼认为，在二十一世纪的政治语境里，"拦阻者"应是世界范围内诸多"拦阻者"的联合，它应该享有正当的暴力垄断权，其任务是保存人类生命、遏制恐怖主义和阻止人类毁灭世界。[80] 在这个终局争战的语境里，莫尔特曼提及《启示录》16：16 中描述恶灵控制聚集世间众王的"哈米吉多顿"这个词，他认为美国滥用了这个宗教术语，投射自己对非西方国家的仇视，在西方国家内部持续引发终末争战思维。

---

77. A. a. O., 32.

78. 参《帖撒罗尼迦后书》2：7-8："因为那不法的隐意已经发动，只是现在有一个拦阻的，等到那拦阻的被除去，那时这不法的人必显露出来。主耶稣要用口中的气灭绝他，用降临的荣光废掉他。"

79. Moltmann, *Ethik der Hoffnung*, 33.

80. A. a. O., 34.

第二部分"基督论式终末论"主要探讨巴特的"基督王权统治"(*Königsherrschaft Christi*)概念,在这一概念所植根的近代欧洲神学传统看来,复活的基督已克服死亡,统辖万有,上帝已使所有人在基督之内得以和解,祂在基督之中对罪恶与死亡的克服是对魔鬼一劳永逸的战胜,莫尔特曼将此称为"基督论式终末论"。基督徒共同体与公民共同体仿佛两个同心圆,前者是内圆,后者是外圆,圆心则为基督,内圆宣讲上帝国的到来与基督的统驭,外圆按照正义原则组织社会生活,两者各司其职,内圆要成为外圆的榜样,外圆要成为上帝国的"类比"(*Gleichnis*)[81]。莫尔特曼对巴特的"基督王权统治"及其终末论背景有两点批评:首先,历史中很少出现过能成为公民共同体榜样的基督徒共同体,而国家的和平政治完全可以独立成为对上帝国的类比;其次,巴特在《教会教义学》和解论中所铺陈的基督论式终末论同样是着眼于当下的"现在时终末论"(*Präsentische Eschatologie*),忽略了应许及其未来向度。

第三部分"分离主义式终末论"以十六世纪宗教改革史中的重洗派为主题,简短分析其拒绝公共生活、在小型社群中"追随基督"的生命实践。重洗派的非暴力思想展示了基督教伦理的根本:在个体生命中追随基督,与路德和加尔文所看重的

---

81. "类比"(*Gleichnis*)是巴特神学的一个重要概念,在 1919 年《社会中的基督徒》和 1922 年《〈罗马书〉释义(第二版)》中,巴特对这个概念作了多次阐发,其意义有三层:一、上帝与世界的绝对区分;二、世界在作为受造物的意义上与上帝的关联,上帝给予世界开端,也构成其终末结局;三、世界要成为对上帝的见证(*Zeugnis*)。在巴特的政治神学中,尤其是 1946 年的《基督徒共同体与公民共同体》(Christengemeinde und Bürgergemeinde)一文,这个概念成为表达"基督王权统治"制约世俗社会生活的规范性概念。

"唯独基督"（*solus christus*）不同，重洗派更倾向于体验"完整的基督"（*totus christus*）。莫尔特曼以门诺会（*Mennoniten*）为例，指出其终末论的特点是重视旧亚当与基督所代表的新亚当之间的差异，与此同时，基督徒群体的属天特征得到进一步强调，以致它无法与属地的世界建立起任何联系，这种新旧二元对峙的终末思维同样没有给圣经的应许概念留出空间。

在第四部分"转化的终末论"中，莫尔特曼从《盼望神学》的基督论与《生命之灵》的圣灵论推导出自己的"上帝国伦理"（*Reich-Gottes-Ethik*）：该伦理一方面强调"追随基督的伦理"（*Nachfolgeethik*），即忠实于基督之将来的"预期伦理"（*Antizipations-Ethik*），另一方面则是关注圣灵的生命伦理，圣灵是基督再临的预象，给予当下的生命以丰沛的终末之力。"上帝国伦理"区别于路德宗之处在于其对基督徒生命与行动的可辨识性的强调，区别于加尔文宗之处在于其对基督再临及面向将来的终末性转化的坚持，区别于重洗派之处在于其积极入世。"上帝国伦理"的终末论基础即《盼望神学》开创的以耶稣基督的将来为基础的终末论。

第二章包含"生命的文化"和"医学伦理学"两个部分。第一部分首先从生态危机角度探讨宗教恐怖主义对生命的理解，然后从对观福音、保罗神学和约翰神学总结出新约的生命观，其次从"对生命的爱"出发，分析"人类生命的人性"（*Die Menschlichkeit des menschlichen Lebens*）的四个内涵：一、对生命的肯定；二、对生命的接受；三、参与和关注；四、对完满的追求，最后倡导一种保护生命共同体的国际和平政治，其基础不是安全（*Sicherheit*），而是正义。"医学伦理学"部分按照人的生老病死依次处理了人工授精、堕胎的伦理疑难、健康的含义、自杀与安乐死问题、死人复活和基督教传统对身体性（*Leiblichkeit*）的理解。

第三章由"在地球的空间中——地球是什么？""在地球的时间中——创造论与进化论""生态学"及"地球伦理"这四部分组成。在该章第一部分，莫尔特曼引入上个世纪后半叶出现的强调地球是活体从而颠覆人类中心论的"盖亚理论"，将它与圣经的地球观相对比，他认为圣经强调了地球是生命空间，受挪亚之约的保护（创9：9-11），拥有安息日与创生之灵，作为受造物的整个地球是对雅威上帝的荣耀。第二部分处理创造论与进化论，区分创造的三个阶段：对起初的创造（创1：1）、持续的新创造（赛43：18-19）和创造的完满（启21：5）。在这个创造史框架内，莫尔特曼指出，进化论的"自然解释学"（*Hermeneutik der Natur*）虽正确强调了人和动物处于同一个发展语境，但没有揭示自然全新的终末将来。第三部分"生态学"探讨了导致当前生态危机的人类中心主义，提出未来生态神学的四个维度：一、超越的上帝之灵内在于其创造的世界；二、上帝当下临在于自然与历史，可间接被经验；三、宇宙论式基督论，其重心落于受造物（包括人类）的和解；四、强调人的宇宙论背景的人论。与此种生态神学相对应的是生态的创造论伦理，从"人作为雅威的受造物"和"人与上帝的挪亚之约"来理解其对他人和自然的责任，由于人与自然处于同一个创造共同体，因此自然也应该享有和人权相似的权利。第三章的最后一部分"地球伦理"强调对自然的保护、大地的宜居和人类生存方式的生态化，这体现于：一、把人当人，而不是效绩机器；二、重新接纳人的身体性，不把身体当作控制对象；三、重视人对近处世界的感知，恢复人因现代远程通讯手段而造成的感受力下降；四、区分机械的时间和生命的时间，前者是量的计算，导致"快"的强迫症，后者关涉生命的质，看重"慢"的体验；五、减耗节用；六、提倡按季节食用本地物产，推崇素食。莫尔特曼认为，在这种地球伦理的基础之上会逐渐形成一种"休戚与共的文化"（*Kultur der Solidarität*）：在社会经济层面的体现是，贫穷问题通过共同体内的分享与互通有无来解决；在个人价值实现层面的体现是，人的自由并非可以占有的物件，而是只有在共同体中才得以可能的现实，它依赖也推动着社会交流；最后在全球化层面的体现是，文明间的交流与互动不是为了实现千人一面，而是为了丰富文明的多样性。

第四章依次分析了正义、和平、信任以及人的尊严（*Menschenwürde*）四个概念。在"上帝的正义与人的正义"这一部分，莫尔特曼区分了四类正义观：一、古代国家的政治宗教供奉守护国家的神明，将其视为惩罚性的正义之源；二、古印度宗教的业报与古以色列的因果思想蕴含强调报应的正义；三、罗马法赏善罚恶的分配性正义；四、希伯来圣经传统中拯救性的和使人称义的正义（*justitia justificans*）[82]。他认为前三种正义观的共同关切在于秩序的破坏以及造成伤害的行为者本身，雅威上帝拯救

---

82. 参 Moltmann, "*Sein Name ist Gerechtigkeit*," 118ff.。

性的正义充满怜悯，是从受害者角度出发的正义，关注受害者的康复与被接纳。涉及和平的部分标题为"基督教中的斩杀恶龙与襄助和平"，它探讨了权力、"正义战争"、"战争中的正义"和"原子武器"等几个问题，认为国际和平的保障一方面在于现有民族国家框架下的外交转变为"世界内政"（*Weltinnenpolitik*）和注重环保的国际"地球政治"（*Erdpolitik*），另一方面在于联合国和国际法庭力量的加强。最后，莫尔特曼解释了基督教传统中的"爱仇敌"并非道德幻想，而是和平的真实基础，对仇敌的爱蕴含三个步骤：一、不再视自己为仇敌的敌人；二、了解仇敌，不对其妖魔化；三、认识仇敌冒犯自己的原因。处理信任问题的部分强调了信任在心理学、生态学和社会学层面的意义，视其为社会团结与自由的基础。"上帝的正义与公民权利"这一部分处理了人的尊严这个问题，基督教的人论建基于人作为上帝的"形象"（*imago*）和人与上帝"相似"（*similitudo*）这两个概念的区分之上，前者涉及上帝与人建立的客观联系，即设立人作为大地的管理者，后一个概念表达人要与上帝建立的主观关系，也就是人要努力过一种符合上帝要求的生活。人的尊严来源于前者，而不是后者，后者涉及圣化问题，并非针对所有人的伦理要求，只有从"形象"概念出发，人的权利和尊严才具备客观基础，基督教伦理蕴含了与近代人权思想重合的部分，但又有所差异。

第五章包括"安息日——创造的节日""欢呼基督复活"以及"斗争之中的安宁"三个部分。[83] 在"安息日——创造的节日"

---

83. 这一章的基本思想来源于莫尔特曼的创造论，参 Moltmann, *Gott in der Schöpfung*, 281ff.。

部分，莫尔特曼解释了犹太传统中的安息概念，安息日是雅威六日创世之后的第七日，在这一日，祂终止了自己的创造行为，退回自身，祝福并圣化这一日，创造在雅威的安息中达至完满，安息日是雅威寓居于时间之中的圣殿。在安息日中，人不再把自然视为劳作的对象，而是上帝的神圣造物。"欢呼基督复活"部分探讨基督教对犹太安息日传统的转化，基督教庆祝安息日之后的"第八日"[84]，将其视为由基督复活肇始的万物之全新创造，莫尔特曼认为，犹太安息日所代表的雅威创造由此被整合进基督复活语境中的新创造之内。最后一部分"斗争之中的安宁"聚焦于上帝在基督之中实现的"和解"，其惠及尚处于冲突状态的万有，是和平的真正基础。造物的根基为"上帝的和平"（*Gottesfriede*）所统治，是人性活力的来源。

六、结　语

与《盼望神学》相比，《盼望伦理》的思路和语言松弛平缓，它记载了耄耋之年的莫尔特曼向自己青年时期的思想方向的回归。《盼望伦理》继承了《盼望神学》面向将来的变革旨趣，但主线却是生命神学、拯救性的上帝正义以及由此引申出的和平正义观。《盼望神学》的重心是人在应许所生发出的历史视域中的行动，《盼望伦理》的关注点则是生命的受造性与公义上帝对生命的权能，人的生命以及维护生命价值的正义和平是莫尔特曼晚年思想的主轴。

---

84. 参莫尔特曼在自己的生态创造论中对"第八日"的解释，见 Moltmann, *Gott in der Schöpfung*, 294ff.。

就神学方法论而言，莫尔特曼的确与加尔文类似，强调后者在《基督教要义》(Institutio Christianae Religionis) 中提到的"自我认识"(Selbsterkenntnis) 与"上帝认识"(Gotteserkenntnis) 之间的循环关系[85]，然而区别于加尔文，莫尔特曼的着眼点是上帝的信实：对上帝的认识即对其信实的认识。巴特在《〈罗马书〉释义（第一版）》中不采用广泛接受的"信仰"一词，[86] 却用"上帝的信实"(Treue Gottes) 这个词组来翻译 πίστις，这给他留下深刻印象。晚年的莫尔特曼一再提及，上帝的信实这一思想伴随了弥赛亚神学的发展，在《盼望神学》中它体现为应许对历史的引导，在《盼望伦理》中，它体现为上帝对受造生命的护持及其拯救性正义。莫尔特曼的神学之路跨越了半个多世纪，他对传统终末论进行的全面阐发前无古人，与晚近诸多试图诠释"世界末日"的哲学方案[87] 相比，莫尔特曼的终末论思

85. Johannes Calvin, *Unterricht in der christlichen Religion—Institutio Christianae Religionis*, ed. Matthias Freudenberg（Neukirchen-Vluyn：Foedus-Verlag, Neukirchener Verlag, 2008），23ff.

86. 参巴特在 1922 年的《〈罗马书〉释义（第二版）》中对此所作的自我辩护（第 22–23 页）。

87. 阿甘本（Giorgio Agamben）在《剩余的时间》(*The Time That Remains*) 中区分了所谓的"终末论时间"(eschatological time) 和"弥赛亚时间"(messianic time)，将前者界定为"时间的终结"(the end of time)，后者界定为"终结的时间"(the time of the end)，即正在朝着永恒转化并终结的世俗时间，他认为保罗关注后者而非前者，参 Giorgio Agamben, *The Time That Remains：A Commentary on the Letter to the Romans*, trans. Patricia Dailey（Stanford：Stanford University Press, 2005），62ff。阿甘本认为，"终末论时间"(eschatological time) 就是犹太教启示论中永恒到来之时的世界末日，简而言之，终末即终结。他的这个理解与巴特《〈罗马书〉释义（第二版）》(第 665 页及以下）和海德格尔《宗教生活现象学》(*Phänomenologie des religiösen Lebens* [Frankfurt：Vittorio Klostermann, 1995], 98ff, 149ff.）的保罗诠释对他的影响分不开，但奇怪的是，熟悉希伯来圣经的阿甘本从不提及先知传统（比如赛第 65–66 章）中以雅威全新创造为基础的终末论，在这个旧约终末论类型里，终末不是终结，而是新创造的开始。在《盼望伦理》一书问世（转下页）

维始终显示出鲜明的反虚无主义特质：终末并非"末日"，而是意味着新创造的开始，其起点为上帝的信实及其对世界的肯定。

（接上页）的同一年，斯洛文尼亚文化理论家和哲学家齐泽克（Slavoj Žižek）推出新著《生活在末世》(*Living in the End Times* [London/New York：Verso，2010])，试图把犹太启示论（*Apokalyptik*）戏剧性地转化为左派意识形态，反抗全球资本主义体系，他认为这个体系正在接近一个犹太启示论意义上的"零点"。齐泽克强调自己要唤醒潜在的革命主体，打破日常生活的谎言状态。在这个对犹太启示论几近想象的意识形态化中，齐泽克认为自己从宗教关于终局的恐怖异象中获得了塑造未来革命者主体性的资源，他把这种由启示论到革命的转化称为"释放真理"。齐泽克对犹太启示论的转化是虚无主义式的，因为他缺乏一个能够管控启示论的神学人类学，他混合了保罗、存在主义与阶级理论的"主体"大拼盘归根结底只是极度虚无的意志或者说"顽废"，它需要启示论中恐怖元素的刺激，但与启示的主体无法建立任何真实的联系。与齐泽克不同，莫尔特曼早在上个世纪六十年代初就摆脱了主观主义色彩过重的生存论，强调在客观历史语境中实践的人，并找到了启示主体对人的信实，这两个思想环节的组合帮他过滤掉了犹太启示论中的恐怖主义元素，并使其宇宙论元素为《盼望神学》所用，参 Moltmann，*Theologie der Hoffnung*，120ff.。和《生活在末世》相比，《盼望伦理》在《盼望神学》基础之上对犹太启示论的转化才是真正成功的。

第六章
与莫尔特曼一起研究巴特

一、渡　河

2007 年 10 月中旬，我在图宾根大学注册为正式学生，从零开始学习，攻读名为 *Diplom* 的 "学术结业文凭"（*Akademischer Abschluss*），因为入学委员会裁定，虽然退休教授莫尔特曼愿意指导我写作博士论文，但就我的具体情况而言，如果想提交博士论文，这个本土的基础学位是不可或缺的必要前提。之前在北京大学哲学系的硕士学位只能折抵一门导论性课程 "哲学常识"，其他全部课程皆不能豁免，*Diplom* 毕业论文和之后的闭卷大考都要一一通过，方可获毕业证书，上述一切要求都完成之后，才有资格去想博士论文的事。这是在远离故土的德国遭遇到的第一个重大挑战。

正式注册完成之后，我已打定主意，一边攻读这个学位，一边在导师莫尔特曼这里写博士论文，最后同时拿到两个学位。无知者无畏，之后八年多的时间都是在和这个近乎痴心妄想的计划搏斗。我没有能像最初设想的那样，同时拿到两个学位，而是一前一后，先在 2013 年 3 月拿到 *Diplom* 学位，然后在 2014 年 10 月提交博士论文，2015 年 7 月通过考试，10 月拿到博士学位。现在看来，这个求学过程的难度和风险超出了自己当时的承受限度：德文的掌握程度、学业本身的要求这些常见困难姑且不论，在我注册为 *Diplom* 学生时，莫尔特曼教授已经八十一岁了，他是否有足够的体力和精力指导我写完博士论文，完全是未知数。作为德国大学的退休教授，他虽然还保留着指导博士论文和教授资格论文的权利，但无法像在职教授那样为学生提供学术助理职位，以及博士生研讨会（*Kolloquium*）的指导和交流机会；另一方面，在 2013 年之前，我也没有资格注册为博士生，因为 *Diplom* 学业尚未完成，所谓的"攻读博士"只存在于我和他的脑中，并非院系体制中可见的现实。和莫尔特曼教授此后长达八年的师生关系是在这种充满私人性且前景不明的状态中开始的。

后来得知，莫尔特曼的太太温德尔（Elisabeth Moltmann-Wendel）不赞同丈夫继续带博士生，因他年事已高。海德堡大学的韦尔克（Michael Welker）教授在我注册 *Diplom* 之后建议我转去海德堡跟他念书，因为那里有更适合外国学生的学制。作为关心老师的学生，他担心莫尔特曼的精力不够；作为充满慈心的前辈，他担心我受"莫尔特曼"这个学术标签的影响，盲目崇拜，得不到扎实的基础训练。和老师商议之后，最后还是决定留在图宾根，把已经开始的 *Diplom* 学业完成，心里想的是也要在他这里把博士读完。从那以后，每四周去老师家里一次，汇报学业与研究进展，不过我们都不知道，这种"模式"能维持多久。

2013年初，我通过了考试，*Diplom*学业顺利结束，2014年夏秋之际，写完博士论文全部章节，装订完毕后寄给老师过目，如果他觉得没问题，就正式向系里提交。几天之后，在一家超市门口，接到老师的电话，说他已经通读了论文，声音有些激动，说了一个词：*vorzüglich*（很棒），然后叮嘱我要开始预备最后的博士考试（*Rigorosum*）。从2007年注册为*Diplom*学生时开始绷紧的心弦，在这一刻才开始稍微松缓下来。之后，博士论文的提交和公示都很顺利。博士考试定在2015年7月3日，莫尔特曼教授也是考官之一，当着老师的面，我接住了其他几位考官抛过来的所有问题。考试结束后，老师请吃了晚饭，还记得在一起走出饭店侧门的时候，老先生对我说了一句："今天太高兴了。"然后开车回家了。

2019年4月，我去德国拜访老师。温德尔女士已经去世，几年前为照顾她而延请的罗马尼亚籍护理人玛丽亚（Fuga Maria-Mihaela）留了下来，继续照顾老师的起居。非常偶然，在厨房里，玛丽亚聊起我博士考试前一天晚上和考试结束之后发生的事。7月2日晚上，她发现莫尔特曼在屋里不停地来回踱步，于是问他怎么了，老师说，我的一个学生明天要参加博士考试，有点担心，不知道他能不能通过。7月3日下午，也就是和我吃过晚饭之后，老师开车回家，玛丽亚说，她一开门，看到老迈的莫尔特曼向她挥舞双手并大喊："考试过了！考试过了！"如果不是她说起，我不会知道这场考试在老师心里的位置。假如考试没过，拿不到学位，浪费数年时间，工作找不到，这些都可能是担忧的理由；学生准备充分，应答得体，给老师增光，这些都可以是开心的原因。但我知道，老先生的忧虑以及兴奋来自他处。从正式注册为 *Diplom* 学生起，凭借口头承诺，我成为他没有体制保障的"编外博士生"，谁都打不了包票，这个中国人能不能通过重重考验，莫尔特曼有没有精力一直指导他。一老一小渡一条河，不知道水有多深，居然走到了对岸。

2015 年 10 月 31 日，莫尔特曼教授正装出席系里的博士毕业典礼。名人出现，引来窃窃私语，大家都不知道这位退休教授来这里干什么。当系主任念到我博士论文指导教授为莫尔特曼时，观众席里议论纷纷，大家这才知道，这位高龄教授在八十九岁时带出了毕业生。博士总分拿到"最优"，又是亚洲面孔，系里邀请我代表同届毕业生发言。从以前的"编外博士生"到好不容易拿到读博士资格，再到以高分毕业，这个曲折历程回顾起来起码应该要让人暗喜一番，可念稿子的时候没感到兴奋，却感到疲劳，抬头看看观众席里的莫尔特曼，他平静地在听，不知道漫长的渡河到达终点后，老先生是不是也累了。一切都是恩典，但若对人世的多变与短暂没有体会，这就是一句空话。

二、传 承

我的硕士论文涉及俄国作家陀思妥耶夫斯基的长篇小说《群魔》，由于有这个基础，莫尔特曼建议我以德语神学思想界对陀思妥耶夫斯基的理解为题，写一篇博士论文。经过一番文献查阅之后，我发现自己无法驾驭这个题目，因为里面涉及的人太多，重心分散，于是问他可否集中在巴特对陀思妥耶夫斯基的理解和接受上，他同意了。我那时对巴特一无所知，中文版的《〈罗马书〉释义（第二版）》也看不懂，但因着要缩小研究范围的缘故，误打误撞走进了巴特研究这个领域，也因此得以见识莫尔特曼与这位大师之间的复杂关系。

确定了这个题目之后，莫尔特曼立即送了我由他选编的《辩证神学的开端》(*Anfänge der dialektischen Theologie*) [1] 一书的新版上卷，要我认真阅读。随着之后知识积累的加深，我才逐渐知道，这个出版于1962年的两卷本资料汇编对二十世纪下半叶的"辩证神学"研究影响深远。标题中的"开端"对应德文词 *Anfänge*，是复数形式，意在暗示辩证神学诞生初期内在的多声部性：除了巴特，还有其他共同孕育了辩证神学的人，理解"辩证"这个概念的角度不止一种。在《近代德国新教神学问题史》(*Problemgeschichte der neueren evangelischen Theologie in Deutschland*) [2] 一书中，莫尔特曼的同辈大家潘能伯格也表达过类似见解。《辩证神学的开端》选录了连同巴特在内的六位神学家及哲学家的论文，在涉及巴特的部分，莫尔特曼聚焦于《〈罗马书〉释义》第一版与第二版引发的论战，选编了针对巴特的批判性文章和巴特本人的回应。从今天国际辩证神学研究的趋势来看，莫尔特曼当年的选编思路相当

---

1. Jürgen Moltmann, ed., *Anfänge der dialektischen Theologie*, *Teil 1*: *Karl Barth*, *Heinrich Barth*, *Emil Brunner*, 6. Aufl.（Gütersloh：Chr. Kaiser/Gütersloher Verlagshaus，1995）．

2. Wolfhart Pannenberg, *Problemgeschichte der neueren evangelischen Theologie in Deutschland*：*Von Schleiermacher bis zu Barth und Tillich*（Göttingen：Vandenhoeck & Ruprecht，1997），176ff.，205ff.

具有前瞻性。这个资料汇编的下卷收录了瑞士神学家图爱森的三篇论文，莫尔特曼在编选导言里强调，作为巴特"最亲密和最忠实的同行者"，图爱森长久以来"处于巴特的阴影之下"，但正是通过图爱森的介绍，巴特才"得以结识布卢姆哈特、库特（Hermann Kutter）和拉加茨（Leonhard Ragaz），获得《罗马书》神学的重要启发"；图爱森的文章在当时也产生了不小的影响，"《陀思妥耶夫斯基》一书是他对辩证神学的开端所作的独立贡献，离开这本书，这些开端难以得到完整的理解"[3]。

二十世纪六十年代初，巴特和图爱森都还健在，他们刚刚在五十年代后期选编了彼此写于二十年代的通信[4]，回顾那个风云际会的时代以及两人之间的思想关系。1975 年，巴特最后一任学术秘书布什（Eberhard Busch）出版传记《巴特生平》（*Karl Barths Lebenslauf*），在涉及图爱森的部分，他突出其在巴特和库特等人之间牵线搭桥[5]的作用。可以说，在对这一点的挖掘和认识上，莫尔特曼比布什早了十余年。更为重要的是，莫尔特曼强调了图爱森在《陀思妥耶夫斯基》一书中作出的"独立贡献"，而且他的贡献对于认识辩证神学而言不可或缺。这也就是说，图爱森不仅是《〈罗马书〉释义（第二版）》手稿的

3. Jürgen Moltmann，ed.，*Anfänge der dialektischen Theologie，Teil 2：Rudolf Bultmann，Friedrich Gogarten，Eduard Thurneysen*，2. Aufl.（München：Chr. Kaiser Verlag，1967），220.

4. Eduard Thurneysen，"Die Anfänge，" in Karl Barth，*Antwort：Karl Barth zum 70. Geburtstag am 10. Mai 1956*（Zollikon-Zürich：Evangelischer Verlag AG，1956），831–864.

5. Eberhard Busch，*Karl Barths Lebenslauf*（München：Chr. Kaiser，1978），84ff.

阅读者和校订者，他也为这本书贡献了自己的思想；《陀思妥耶夫斯基》并不是《〈罗马书〉释义（第二版）》简单的"文学化"，它展现了辩证神学的内核性层面。莫尔特曼对图爱森及其《陀思妥耶夫斯基》的这两个定位已经在今天的辩证神学研究[6]中获得回响：图爱森本人的神学倾向和《陀思妥耶夫斯基》的神学内涵正日益得到强调。《陀思妥耶夫斯基》这本书的"独立贡献"究竟是什么？这是我在博士论文中试图去回答的问题，[7]从内容上看，它推进并深化了莫尔特曼在《辩证神学的开端》中提出的基本观点。当开始在图宾根的学业时，我怎么也不会想到，自己最后的论文竟和老师在乌伯塔初执教鞭时的关注点重合了。就巴特研究来说，老师和我显然处于不同的学术时代。虽然巴特在世之时就有人研究他，但那个时期的研究与巴特去世之后、尤其是 1971 年《巴特全集》（*Karl Barth-Gesamtausgabe*）的编纂工作全面铺开之后大不相同。

　　首先，从广义的学制角度来看，在莫尔特曼及其师辈时代，读博士可以和大学学习同步，也就是说，哪怕是大学一年级，只要能找到一位愿意指导你的教授，就可以开始博士论文的写作，莫尔特曼是先写完了博士论文，然后才完成基础学位的国

6. Katya Tolstaya, *Kaleidoscope*: *F. M. Dostoevsky and Early Dialectical Theology*, trans. Anthony Runia（Leiden/Boston: Brill, 2013）; Paul Brazier, *Barth and Dostoevsky*: *A Study of the Influence of the Russian Writer Fyodor Mikhailovich Dostoevsky on the Development of the Swiss Theologian Karl Barth, 1915-1922*（Milton Keyne, UK: Paternoster, 2007）; Maike Schult, *Im Banne des Poeten*: *Die theologische Dostoevskij-Rezeption und ihr Literaturverständnis*（Göttingen: Vandenhoeck & Ruprech Verlag, 2012）.

7. Hong Liang, *Leben vor den letzten Dingen*: *Die Dostojewski-Rezeption im frühen Werk von Karl Barth und Eduard Thurneysen*（*1915-1923*）（Neukirchen-Vluyn: Neukirchener Verlag, 2016）.

家考试。[8] 大家对魏玛共和国时期（1919–1933）不少在二十出头便拿到博士学位的名家们[9]惊叹不已，这诚然和他们个人的天分有关，但学制是其中的重要因素。今天通行的模式是从学士到硕士，再从硕士到博士，一路下来，人已经三十出头，和二十出头比起来，精神气质是有差别的。莫尔特曼把这个发展趋势称为大学的"中学化"（*Verschulung*），这个看法里面没有什么守旧情结，并非为要美化过去；相反，他的确点出当前学术体制在创造力的保护和培养上的软肋。刚入大学，人的人格和见识大都不成熟，但"初生牛犊不畏虎"的莽撞之中往往包含着元气淋漓的东西，如何在传授基础方法论的同时保持并提升这些东西，这考验教育从业者的心和脑，一旦抓住了这些东西，独特的、甚至是划时代的人格或思想进路就有可能出现。学术体制演变至今，有深厚的社会经济根源，无法轻易逆转，但也绝非改变不了。这里提到创造力问题，容易造成误解，仿佛是在鼓吹放养、撒手不管（这是今天的教育对如何培养创造力的错误想象）。没有约束，创造力无从培养，这里有三个因素至关重要：一是激发新知的基础性方法论是否掌握，二是是否较早获得实践的机会，三是这两者之间是否可以建立正向的循环关系。一百年前的魏玛共和国处于精神学科方法论剧烈变动的时代，掌握新的方法论，及早开始探寻和实践，就有可能做出新的发现。当前人文类研究与教育的一般性问题是缺乏基础

---

8. Jürgen Moltmann, *Weiter Raum：Eine Lebensgeschichte*（Gütersloh：Gütersloher Verlagshaus, 2006), 59f.

9. 像德国神学家朋霍费尔、现象学家舍勒（Max Scheler）以及德裔美国政治理论家阿伦特，都属于这种情况。

性方法论，也推迟了实践。与一百年前类似，今天我们也处于一个技术、经济、社会与政治的结构性变化不断效应叠加的时代，全球范围内都有对巨变到来的感受，尤其是数字技术对人文科学自我理解的影响正在慢慢显露。这是否能孕育出一种或几种全新的人文学科方法论？数据统计对因果性及相关性的呈现是否能完全取代传统的文本与历史诠释？我们对此还远远没有成熟的见解。

举个例子，德裔美国政治理论家阿伦特 1928 年在海德堡大学提交了博士论文《奥古斯丁的爱的概念：一种哲学诠释的尝试》(*Der Liebesbegriff bei Augustin：Versuch einer philosophischen Interpretation*) [10]，比照今天的衡量标准，这篇文章更像是研讨课论文 (*Seminararbeit*)，不像博士论文。它的语言欠缺读者意识，独白特征很重；从内容来看，既不是针对奥古斯丁的文本研究，也不是关于存在主义的问题研究，而是两者的结合，当时就因此而招来非议 [11]，由于获得博士导师雅斯贝尔斯 (Karl Jaspers) 的全力支持，阿伦特才得以在二十二岁就拿到哲学博士学位。很难想象，这篇论文在今天能顺利通过文科类的博士考核。对于阿伦特后来的思想道路来说，这篇博士论文是重要的，因为她借助这篇论文锻炼了刚刚学习到的现象学方法，萌发了对《存在与时间》中世界 (*Welt*) 概念的批判，为其后来的共和主义奠定了哲学基础。对今天意义上的奥古斯

---

10. Hannah Arendt, *Der Liebesbegriff bei Augustin：Versuch einer philosophischen Interpretation*, ed. Ludger Lütkehaus（Berlin/Wien：Verlagsgesellschaft, 2003）.

11. A. a. O., 13f.

丁研究或存在主义研究而言，这篇博士论文都是异类，难以归入任何一个专业类别。阿伦特的幸运之处在于，她有机会在博士论文中实践新的哲学方法论，并把自己的一些思想萌芽初步整理出来，尽管这些生涩的表达不符合今天专业化的要求。举这个例子不是为了理想化或妖魔化任何东西，而是想粗略勾勒学术代际差异背后的体制因素。教育是以人格成长和差异化为目标，还是以市场和标准化为目标，生发出的东西大相径庭。

回到莫尔特曼这里，他对巴特的关注点明显不同于我这个看重文本细节的"巴特专家"，他关注的是我们一般不会直接论述的巴特"思想"，这涉及世代差异的第二个层面。启动于七十年代初的《巴特全集》编纂工程至今尚未完结，这个瑞士的国家级学术工程在世界范围内推动了巴特著作的历史化与经典化，整理出版的大量文本和书信深化了人们对巴特生平与思想的认知，功莫大焉。与此同时，这一历史化和经典化趋势也在不断催生出特定的研究类型，我们当下这个时期，最常见的就是接受史（*Rezeptionsgeschichte*）研究，笔者的博士论文也属于这个类型：以巴特对某个人或某种观念的理解为主题，展现这个理解在不同时段的特点，辅以具体文本为佐证，进行发生史意义上的重构。对于锻炼文本剪裁和配对能力来说，这种研究类型的好处是操作性强，易上手，但它的局限在于，对思想发展的描述远远大于对思想本身的反思（*Reflexion*）。描述（*Beschreibung*）主要是一种内文本（*textintern*）活动，研究者无须跳出巴特，借助他的文本就可以去复述他，但反思首先涉及外文本（*textextern*）层面，要从巴特之外来看他的东西，这要求研究者必须要独立于巴特，有自己的落脚点，描述与反思的不同比重塑造着不同类型的研究者。接受史研究可以丰富对巴特文本细节的认知和掌握，但也容易让研究者对反思的匮乏和萎缩不自知。这并非只是"巴特学"这个小圈子的问题，而是目前整个文科类学术普遍面临的问题。莫尔特曼处理巴特文本的方式带着上一个世代的痕迹，着眼点是巴特的整体思想和内在局限。今天的巴特研究者可以从文本细节角度反驳莫尔特曼，但是否具备他那种跳出巴特，在独立基础上进行反思的能力，却是不一定的。

在我写作博士论文期间，莫尔特曼经常会讲到原文与研究文献之间的关系。他认为研究文献只应该出现在两个地方：一个是研究史综述，另一个是脚注区，正文部分的内容应该是原文以及对原文的分析。这个看法当然不是在否定研究文献的意义，而是在强调衡量论文（包括博士论文）学术价值的标准不在于信息的堆积，而在于对原文的分析。分析有很多类型，这里限于篇幅无法具体展开，但其根本之处在于独立思考。对于一段经典文本，重要的是你如何看待它的结构和内涵，而不是某位或某几位大师如何看待它，你可以从别人的看法里借力，但归根结底要提出自己的看法。针对一段文本的分析是否恰当，关键标准并非它是否符合权威研究者的见解，而是能否得到文本本身的支持。落实到原文与研究文献的关系上，对前者的分析是重点，后者只有在必要时才有使用的价值。文科类论文容易失手，写成漫无边际的研究史综述（以研究史为专门主题的研究除外），既看不到原文，也看不到研究者本人的观点，根源在于对分析的基本训练不足，这个训练要从一两页的小型文本分析开始，先学如何爬，再学如何走。原文的分析者既不是在复制研究文献的信息，也不是在臆测"微言大义"，而是在逐渐接近局部真理。

独立自主（*Selbstständigkeit*）是莫尔特曼教育理念的核心，他对原文分析的强调折射出这一点。分析的前提是对原文的记忆，在这个基础上，分析要从研究者的独特角度揭示原文的内在结构，深化人们对原文的认识。所谓的认识其实就是从特定的角度出发去认识结构，新的见解就是从新的角度去揭示结构，"新"的根基不是标新立异的欲望，而是原文结构本身的丰富性；另一方面，独立自主不是自说自话，画地为牢，而是要具备基本的共通感，听得懂、跟得上学术共同体的和声。跟这个教育理念相应，莫尔特曼更习惯透过启发、联想和表达期待[12]来进行指导，没有观点的灌输。不是去成为"内行"和"专家"，而是持续跨越边界，带着发现者的喜悦不断去成为"外行"和"新手"，这是莫尔特曼其人其思最鲜明的特征。

三、父与子

莫尔特曼常说，他在思想上有两个"父亲"，一位是朋霍费尔，一位是巴特。战后初年，他接触到朋霍费尔三十年代出版的《共融生活》（*Gemeinsames Leben*）[13]和《追随基督》

---

12. 针对莫尔特曼的教育理念与教育方式，韦尔克、沃弗和林鸿信都表达过类似感受，那就是他们每个人都被鼓励去做自己，走独立自主的思想之路。

13. Dietrich Bonhoeffer, *Gemeinsames Leben/Das Gebetbuch der Bibel*, ed. Gerhard Ludwig Müller and Albrecht Schönherr（Gütersloh：Gütersloher Verlagshaus，2015）.

（*Nachfolge*）[14]，不但没有获得任何启发，《共融生活》对个体的忽视更让受够战俘营生活的他对朋霍费尔心生抗拒。四十年代末，贝特格（Eberhard Bethge）整理出版朋霍费尔的《伦理学》（*Ethik*）[15]遗稿和狱中书信，彻底颠覆了莫尔特曼对后者的认知。莫尔特曼在朋霍费尔这里究竟学到了什么？他经常提到朋霍费尔在狱中书信里的讲法，即"唯有一个受难的上帝才能给予帮助"[16]，不常提及的是后者从旧约视角对世界本身的肯定，后面这条线索主要涉及他在《伦理学》遗稿中对近代新教强调罪论，忽视自然概念[17]的反省。熟悉莫尔特曼著作的读者会注意到他对自然权利的强调，但若直接将之归因于未经反思的启蒙倾向，则是误读。莫尔特曼的哥哥出生时罹患脑膜炎，智力低下，少年时期死于第三帝国的强制性安乐死，[18]《伦理学》遗稿从自然权利角度回应了安乐死及其他与人类生命繁育相关的基本问题，[19]堪称战后自然法复兴运动的先声，对莫尔特曼震撼极大，使他在巴特之外找到了思考"自然神学"的契机之一。如果说"唯有一个受难的上帝才能给人帮助"在基督论聚焦上引起了莫尔特曼的共鸣，那么朋霍费尔的自然概念则为他在二十世纪八十

---

14. Dietrich Bonhoeffer, *Nachfolge*, ed. Martin Kuske and Ilse Tödt（Gütersloh：Gütersloher Verlagshaus，2015）.

15. Dietrich Bonhoeffer, *Ethik*, ed. Ilse Tödt, Heinz Eduard Tödt, Ernst Feil and Clifford Green（Gütersloh：Gütersloher Verlagshaus，2015）.

16. Dietrich Bonhoeffer, *Widerstand und Ergebung. Briefe und Aufzeichnungen aus der Haft*, hrsg. von Christian Gremmels, Eberhard Bethge u. Renate Bethge in Zusammenarbeit mit Ilse Tödt（Gütersloh：Gütersloher Verlagshaus，2015），534.

17. Bonhoeffer, *Ethik*，163ff.

18. Moltmann, *Weiter Raum*，20f.

19. Bonhoeffer, *Ethik*，199ff.

年代初从生态权利角度思考创造论²⁰ 奠定了理论基础。

朋霍费尔逝世于 1945 年，同当时刚满十九岁的莫尔特曼之间没有任何交集，巴特则不同，他和莫尔特曼曾有不少互动。如何理解莫尔特曼与巴特的关系模式？坊间常见的“后巴特”（Post-Barthian）这个概念值得商榷，把莫尔特曼视为所谓的“后巴特”神学家，这仅仅从编年史角度来看有意义，因为他的确比巴特出生得晚，但除此之外，这个概念既低估了巴特神学影响至今的思想力度，也低估了莫尔特曼及其同辈的洞见与创造力，两者之间的思想连续性被一个简单的“后”字一笔勾销。从很多方面看，莫尔特曼都继承了巴特神学的一些基本特质：在传统底色方面，两者都是二十世纪盟约神学的重要代表，他们的历史观皆借助以犹太为中心的盟约神学这个框架去挣脱史学实证主义；在与十九世纪神学的批判性关系上，两者方向完全一致，都是把上帝在历史中的行动，而非人的宗教性自我意识视为神学的起点；从思想气质上看，两者都是明确以神学的内涵为导向（inhaltsorientiert），而不是以宗教哲学意义上的认识论批判为导向；在神学手法上，两者都是借助某一教义要点来整合其他全部要点，在巴特是基督论，在莫尔特曼则是终末论。

青年时期的莫尔特曼曾发出感叹：巴特之后不可能再有新的神学，因为他已陈说了一切，而且还表达得那么优美。在《教会教义学》这座庞大的建筑群中，莫尔特曼最为欣赏和佩服的是第二卷第二部分的三十二至三十五章，即巴特的拣选论。众所

---

20. Jürgen Moltmann, *Gott in der Schöpfung* (Gütersloh: Gütersloher Verlagshaus, 2016), 36ff.

周知，贯穿整个《教会教义学》的基督中心论（*Christuszentrik*）在拣选论这里碰撞出巴特神学中最具创造性和想象力的成果：拣选的上帝和被拣选的人透过基督中心合而为一；拣选首先不是针对人，在更源初的意义上，它是上帝针对自身的一项决断（*Selbstbestimmung*），是祂出离自足，与人建立盟约的自由恩典的表达。[21] 二十世纪五十年代初期，莫尔特曼在写作博士论文时 [22] 接触到巴特的拣选论，深受启迪，认为它完美解决了传统拣选论（尤其是"双重拣选论"）隐含的宿命主义（*Fatalismus*）[23] 问题，正确凸显出"上帝在基督之中转向人"[24] 这一核心信息所包含的普遍主义（*Universalismus*）。关于巴特对传统拣选论所做的结构性更新，莫尔特曼曾做过如下总结："祂［上帝］对人的拣选，其内涵就是祂为了人而对自己进行的内在拣选，上帝对世界的肯定建基于上帝的自我肯定，祂愿意整个创造存续下去，祂也在同样的意义上愿意自身存续下去，祂用其自我肯定之力肯定了人。"[25] 换言之，拣选论的重心并非谁将被拣选或弃绝，而是上帝内在的自我肯定，以及由此生发出的对人的肯定。

如果不了解二战以及犹太人灭绝的历史，莫尔特曼对巴特拣选论的这个高度评价难以得到恰当理解。深深吸引莫尔特曼的并非巴特"发明"出了某种新的教义，而是后者对"恩典拣选"（*Gnadenwahl*）的强调：拣选的背后是"恩典的凯旋"

---

21. Karl Barth, *Die Kirchliche Dogmatik*, II. 2, 3. Aufl.（Zollikon-Zürich：Evange-lischer Verlag AG, 1959）, 177ff.
22. Moltmann, *Hoffen und Denken*, 241.
23. A. a. O., 241.
24. A. a. O., 243.
25. A. a. O., 244.

（*Triumphzug der Gnade*）[26]，是对世界和人的肯定。从巴特自身思想发展的历程来看，这也是他在《〈罗马书〉释义（第二版）》之后探寻的神学方向：在上帝的神性成为对世界和人性的否定之后，有没有可能不以牺牲世界和人性为代价，去表达上帝神性？如何在肯定上帝神性的同时也肯定世界和人性，这是巴特从《〈罗马书〉释义（第二版）》到《教会教义学》神学思路转变的内在理路。拣选论浓缩了巴特在这个问题上的成熟见解：拣选的目标是对人的肯定，但这一肯定的前提并非人自身具有某种值得肯定的质素，而是上帝出于自由的决断，不满足于自身，出离自身，与人建立盟约关系。这也就是说，祂的神性体现在其高于人但又为了人的自由决断上，对人和他的世界而言，这意味着来自恩典的肯定。由上帝的神性出发来肯定人性，这不是在重复十九世纪的神学范式，用上帝为人的种种需求背书，而是要为深陷战争灾难的欧洲和世界开辟战后的生路：上帝至高的神性不压抑人的人性，祂允许人以盟约伙伴的形式活在祂面前。布什把巴特神学称为"人道主义神学"[27]，不无道理，但要强调的是，这种"人道主义"不源自任何一种世俗理性主义或和平主义，而是奠基于他的上帝论。

就莫尔特曼的个体生命经历观之，他从少年时期志在研究理论物理学到最终导向"承托起生存的知识"（*existenztragendes*

---

26. Gerrit Cornelis Berkouwer，*Der Triumph der Gnade in der Theologie Karl Barths*，trans. Theo Preis（Neukirchen Kreis Mores：Verlag der Buchhandlung des Erziehungsvereins，1957），149ff.

27. Eberhard Busch，*Humane Theologie：Texte und Erläuterungen zur Theologie des alten Karl Barth*，Polis Bd.31（Zürich：EVZ-Verlag，1967）．

Wissen）[28]，这个从理科到文科的转向要回答两个基本问题，即战争结束之后，"为什么只有我还活着？"以及"为什么要继续活下去？"对生命奥秘和意义的追问是莫尔特曼神学探索的起点。朋霍费尔在《伦理学》遗稿中提出"负责任之生命的结构"[29]，对莫尔特曼产生了一定的影响，但他的论述语境局限在基督论之内；与之不同，巴特对拣选论的阐发立足于上帝论，面向上帝论的聚焦成为莫尔特曼之后思考生命问题的基本方向。《盼望神学》固然发展出了一种不同于巴特的上帝论，尤其是把"应许"（*promissio*）概念整合进上帝论，但它内在的盟约神学架构，对人的生命及世界的肯定，无一不显露着巴特式"人道主义"的痕迹。"短暂的二十世纪"所蕴含的大历史是理解巴特与莫尔特曼这两位大师内在连续性的根本前提，教义的争论是表象，如何理解并诠释历史与历史中的人，这才是那个经典时代中神学发展的内在动力。脱离这一根本前提去谈论巴特和莫尔特曼之间的差异，意义有限。

1964年，莫尔特曼的《盼望神学》[30]和潘能伯格的《基督论的基本特征》（*Grundzüge der Christologie*）[31]同时问世，德语神学掀开具有实质意义的崭新一页。两人不约而同，都把著作寄给了巴塞尔的大师，当时尚在卧病的巴特读完之后立即回信，正

---

28. Jürgen Moltmann, *Erfahrungen theologischen Denkens*：*Wege und Formen-christlicher Theologie*（Gütersloh: Gütersloher Verlagshaus, 2016）, 20.
29. Bonhoeffer, *Ethik*, 256ff.
30. Jürgen Moltmann, *Theologie der Hoffnung*：*Untersuchungen zur Begründung und zu den Konsequenzen einer christlichen Eschatologie*（Gütersloh: Gütersloher Verlagshaus, 2016）.
31. Wolfhart Pannenberg, *Grundzüge der Christologie*（Gütersloh: Gütersloher Verlagshaus Gerd Mohn, 1964）.

告他们，莫尔特曼和潘能伯格都不行，都不是他所期待的神学的"和平与应许之子"（*Kind des Friedens und der Verheißung*）[32]。潘能伯格留下的自传性文字不多，他当时是否以及如何回应巴特这个差评不得而知。莫尔特曼在自传《广阔空间》中提到巴特对待《盼望神学》的复杂态度：在 1964 年 11 月 8 日写给图爱森的信[33]中，巴特赞赏这部著作在终末论问题上的创造性，认为其系统构造言之有据；在给莫尔特曼的信中，他质疑《盼望神学》是对布洛赫《希望原理》（*Das Prinzip Hoffnung*）[34]的鹦鹉学舌，没有独立价值。莫尔特曼在自传中就此写道："他给我的信里面批评比较多，不希望助长青年神学家的骄傲。"[35]

　　与其他界别类似，神学代际之间接力棒的递交从不会和风细雨。比如 1923 年，也就是《〈罗马书〉释义（第二版）》出版后的第二年，巴特的师辈哈纳克曾怒而撰文《致神学家中蔑视学术神学者的十五问》，质疑辩证神学分裂上帝与世界，使通向善的道德教育[36]不再可能。巴特则在《回应哈纳克教授先生十五问》中以《约翰福音》6：44 回敬他，且未作任何解说，暗示脱离基督中心的道德教育[37]问题多多。三十八年之后，年轻的

---

32. Karl Barth，*Briefe 1961–1968*，Karl Barth Gesamtausgabe，Band 6（Zürich：Theologischer Verlag，1979），275.

33. 即本书序言结尾处莫尔特曼提到的书信（见序言"三、巴特论《盼望神学》"），参 Moltmann，*Weiter Raum*，114。

34. Ernst Bloch，*Das Prinzip Hoffnung*（Frankfurt am Main：Suhrkamp Verlag，1959）.

35. Moltmann，*Weiter Raum*，114.

36. Jürgen Moltmann，ed.，*Anfänge der dialektischen Theologie*，Teil 1：*Karl Barth*，*Heinrich Barth*，*Emil Brunner*，3.Aufl.（München：Chr. Kaiser Verlag，1974），324.

37. Moltmann，*Anfänge der dialektischen Theologie*，Teil 1：*Karl Barth*，*Heinrich Barth*，*Emil Brunner*，3.Aufl.，327.

潘能伯格在纲领性论文集《作为历史的启示》(*Offenbarung als Geschichte*)[38] 中正式向巴特发出挑战，认为后者讲上帝直接性的"自我启示"(*Selbstoffenbarung*)，缺乏经文依据，有诺斯底主义[39] 的嫌疑，无论是上帝之名，还是上帝之言或律法，三者都无法直接启示出上帝自身，启示只能是"间接性的自我启示"[40]，上帝透过在历史中的行动，片段性地、间接性地折射出自身本质。在稍后《基督论的基本特征》一书中，潘能伯格从基督论角度继续巩固这个观点，把巴特的基督论界定为"自上而下"[41] 的基督论，意在批判巴特由逻各斯的神性出发进入子的降卑这个思路。与之相反，他认为自己的基督论类型是"自下而上"[42]：从拿撒勒人耶稣此岸的"历史现实"[43] 出发，进入对其神性的预期性认识(*Antizipation*)，上帝和基督的一体性必须包容十字架和复活在终末论意义上的差异性。

莫尔特曼分享潘能伯格"自下而上"的基督论，但他对"自我启示"这个概念的批评角度不同。潘能伯格强调历史事实(*Tatsache*)在理解上帝的"自我启示"上不可剥夺的中介性意义(*Vermittlung*)，这使得他至今仍能影响分析式护教学的最新构想[44]；莫尔特曼的侧重点则落在应许所蕴含的"终末论盈余"

---

38. Wolfhart Pannenberg, ed., *Offenbarung als Geschichte* (Göttingen：Vandenhoeck & Ruprecht，1961).

39. A. a. O.，14.

40. A. a. O.，16.

41. A. a. O.，27.

42. A. a. O.，28.

43. A. a. O.，29.

44. 潘能伯格的这个思路继续影响着当下分析式护教学的基督论建构，如骆德恩教授的近期力作：Andrew Ter Ern Loke, *The Origin of Divine Christology* (New York：Cambridge University Press，2017)。

（*eschatologischer Überschuß*）上，作为应许的"自我启示"不会止于基督的复活本身，它指向"基督的将来"（*Zukunft Christi*）及其为历史开辟的将来视野（*Horizont*）。在《盼望神学》的首章"终末论与启示"中，莫尔特曼把巴特神学界定为突出上帝之"先验主体性"（*tranzendentale Subjektivität*）[45]的神学，批评巴特的"自我启示"概念回溯性地把基督的复活等同于上帝这一启示的起源，取消了它指向前方的应许内涵[46]与将来维度。莫尔特曼强调终末论在整个教义学中的核心地位，实质表达了两层意义：首先，终末论应被改造为以应许和将来为核心；其次，教义学应被改造为以应许的上帝在历史中的主权（*Souveränität*）为核心，前者为表，后者为里。《盼望神学》对终末论将来维度的强调的确和《〈罗马书〉释义（第一版）》的思路[47]有类似之处，但它最终的目标是对上帝的主权给出不同于巴特的表述。

潘能伯格和莫尔特曼毫不掩饰的批判，巴特绝无可能淡定接受，这不符合他的战斗性格，他在回信中对两位神学后辈表达质疑和失望，完全是在情理之中。一代人无法完全理解另一代人，这是人类族群的基本特征，否则代际之间的更新和突变将不再可能。莫尔特曼透过终末论所要达至的神学目标对晚年的巴特显然是有触动的。2011 年，布什整理出版了自己担任巴特学术秘书期间的日记[48]，内容主要是对后者 1965 年至 1968 年

---

45. Moltmann，*Theologie der Hoffnung*，43ff.

46. A. a. O.，50.

47. Karl Barth，*Der Römerbrief*（Erste Fassung）1919，325.

48. Eberhard Busch，*Meine Zeit mit Karl Barth*（Göttingen：Vandenhoeck & Ruprecht，2011）.

谈话的记录。巴特在这最后几年时常提到莫尔特曼和《盼望神学》，他组织的博士生研讨会也把这部著作列为新近出版的必读书之一。[49] 巴特在 1965 年 7 月 28 日明确讲道：共同创建"辩证神学"的一帮同仁 [50] 后来之所以分道扬镳，原因就是大家在"终末论是否能决定神学思想的特性" [51] 这个问题上看法不同。他认为布尔特曼完全没有终末论意识，即使是后来者莫尔特曼也讲得不充分，而他在巴塞尔大学的教席继任者奥特（Heinrich Ott）的《终末论》（*Eschatologie*）[52] 一书倒是写得很好。[53] 巴特这个评价显然非常主观，无论是莫尔特曼的《盼望神学》，还是布尔特曼 1955 年的吉福讲座底稿《历史与终末论》（*Geschichte und Eschatologie*）[54]，两者在终末论问题上的原创水平远远超过奥特的《终末论》，后者只是一本介绍性著作，没有产生过影响。笔者引述这一段，不是为要对巴特的观点品头论足，而是要表明其实他经由《盼望神学》的刺激重新开始了对终末论问题的关注。

1966 年，斯塔德兰德（Tjarko Stadtland）出版博士论文《青年卡尔·巴特神学中的终末论与历史》（*Eschatologie und Geschichte in der Theologie des jungen Karl Barth*），书中最后一句这样写道："巴特明确说他不想再写终末论（《教会教义学》第五卷）了，这让很多人难过，但是，他从自己的观点出发还

---

49. Busch, *Meine Zeit mit Karl Barth*, 99.

50. A. a. O., 19.

51. A. a. O.

52. Heinrich Ott, *Eschatologie* (Zollikon：Evangelischer Verlag, 1958).

53. Busch, *Meine Zeit mit Karl Barth*, 19.

54. Rudolf Bultmann, *Geschichte und Eschatologie*, 2. Aufl. (Tübingen：J. C. Mohr ［Paul Siebeck］, 1957).

能写什么终末论呢？"[55] 这句充满讥讽的结束语惹恼了巴特。根据布什的纪录，巴特在 1966 年 12 月 2 日说，自己想给这个年轻人去信，告诉他两点：首先，他还在童年的时候就对终末论问题感兴趣了，四岁的时候就问过母亲："妈妈，永恒在哪里？"其次，他只是年纪大了而已，精力不够，假如再有力气写终末论的话，肯定要比你们这一代人写得好！[56] 在紧接着第二天的研讨会上，巴特再次回到这个问题，激烈抨击学界近期热议的盼望议题，矛头直指莫尔特曼："关于终末之物的学说，即终末论必须去谈上帝所做的新事，也就是在其显现中的上帝自身，而不是去谈人在未来想要经历的新事、人认为能够经历的新事，以及人意图造作的新事。这是莫尔特曼的软肋，他讲的不就是人对那些尚未存在的、可以希冀的和可能的东西保持开放吗？在这一点上，新约的内涵显然更加丰富。"[57]

巴特显然看到，《盼望神学》的意图不只是调整终末论在传统教义学中的权重这么简单，建构以应许为核心的终末论，实质是要处理上帝的主权问题，只是在晚年巴特的眼中，这个神学后辈已不是在谈上帝的主权，而是错误地转向了人的主权，放弃"上帝所做的新事"，扑向"人在未来想要经历的新事"，莫尔特曼开始不讲上帝，只讲人了。"关注上帝还是关注人"，这是巴特自《〈罗马书〉释义（第二版）》以来所形成的神学性宗教批判的核心，也是他展开神学论辩的观念利器，当某个

55. Tjarko Stadtland, *Eschatologie und Geschichte in der Theologie des jungen Karl Barth*（Neukirchen：Neukirchener Verlag des Erziehungswesens，1966），189.

56. Busch，*Meine Zeit mit Karl Barth*，140.

57. A. a. O.

神学方案触碰巴特心中的原则问题，他往往会以"只关注人"这个终极评鉴去击倒对手，巴特思想的激进性与保守性皆体现于此。例如在《十九世纪新教神学》中施莱尔马赫一章的结尾处，巴特评价道：在以施莱尔马赫为经典代表的十九世纪新教神学中，一切只剩下了人，"唯独他才是主语，基督反倒变为谓语"[58]。对巴特而言，莫尔特曼在立场上已经滑向施莱尔马赫这个深受人类中心主义（*Anthropozentrik*）影响的神学宿敌那里。按布什的记载，他批评莫尔特曼只是强调布洛赫意义上的"尚未"（*Noch-Nicht*）及其实现，但不谈人从"尚未"中引申出的只是他所意愿的东西，并要"上帝为此背书"[59]。后世源于巴特主义的莫尔特曼批判，尤其是针对其社会伦理与政治伦理的批判，在水平上从未超越晚年巴特的这个误读：莫尔特曼在近代启蒙运动的影响下，用"人的开放性"[60]和自主（*Autonomie*）掩盖了上帝的主权。

神学的代际转换常常在彼此之间的不理解中发生并完成，上文提及的哈纳克与青年巴特之争即为一例，这是神学史写作中无法回避的"断层"问题，与呈现群峰之间的绵延相比，揭示其间的断裂更为关键。连续性与断裂性是切入历史现象的两个基本视角，但后者更能呈现历史"演进"的真义。巴特对《盼望神学》的拒绝不乏心理层面的原因，这并非笔者关切所在，更为紧要的是，对莫尔特曼本人而言，巴特批判的"人在

58. Barth，*Die protestantische Theologie im 19. Jahrhundert*，424.
59. Busch，*Meine Zeit mit Karl Barth*，654.
60. A. a. O.，144.

未来想要经历的新事"指的究竟是什么;"关注上帝还是关注人",这个看起来清晰无比的立场划界是揭示了问题,还是掩盖了问题。上文提到,《盼望神学》试图重新界定上帝的主权概念,这个目标设定带有鲜明的实践旨趣,它要回应莫尔特曼战后提出的两个基本问题:即"为什么只有我还活着?"和"为什么要继续活下去?"。换言之,对上帝主权的重新表述要在生命的奥秘与意义这个生存论语境中展开。

就学理而言,对上帝主权与生命现象内在关联的强调并非莫尔特曼所特有,早在一战结束之前的 1917 年,巴特已开始尝试把两者联系在一起,批判文化新教的宗教观,他发表于这一年的讲座"宗教与生命"(Religion und Leben)即为重要佐证。在巴特看来,与偏重内在、私人与静态观念的宗教不同,生命充满外显性、普遍性和动态特征,它"高远而陌生"[61],不是人能掌控的对象,上帝是生命运动的源头和目标,生命应从外在性的宗教系统中得到解放。在两年之后的著名讲座"社会中的基督徒"里,巴特把这一思路扩展至对整个近代以来,尤其是魏玛共和国建政以来各社会界别自治倾向的批判,以政治、经济、文化和教育等等为代表的不同社会界别固执于"在其自身"(an sich),固执于中立(Neutralität),彼此孤立,巴特将这种相互隔绝的现象称为"死亡"。与之相对的"生命"意味着打碎僵硬的界别区隔,呈现生命被创造者和救赎者肯定并否定的动态结

---

61. Karl Barth, "Religion und Leben," in *Karl Barth Gesamtausgabe Abteilung III*: *Vorträge und Kleinere Arbeiten 1914–1921*, hrsg. von Hans-Anton Drewes in Verbindung mit Friedrich-Wilhelm Marquardt (Zürich: Theologischer Verlag, 2012), 434.

构，而这要求着一种"从上帝出发"的视角的确立。在 1922 年的《〈罗马书〉释义（第二版）》中，巴特最终发展出辩证神学成熟期的理论表达：不存在与上帝隔绝的生命，只有"一种与上帝相关的生命，被置于上帝的审判和应许之下的生命，以死亡为特征的生命，但通过基督之死又有资格被视为对永恒生命之盼望的生命……生命之中的生命就是上帝的自由，这对我们而言意味着死亡" [62]。

笔者在《论卡尔·巴特〈罗马书〉释义（第二版）〉的"神学百科全书性"》一文中指出，巴特好友图爱森在写于 1921 年的《陀思妥耶夫斯基》中为这个理论表述找到了对应的视觉结构，即生命作为此岸的图像和上帝作为彼岸的透视焦点，两者之间的透视学关系表达了上帝主权对生命现象的绝对掌控，生命的意义源头归于至高的上帝自身，祂是历史此岸中一切的创造者、审判者和救赎者，在上帝和世界之间，任何额外的中介都失去了意义。巴特和图爱森发展出的这个透视主义神学范式固然带有强烈的生存论色彩，但其本意并非对生命现象进行海德格尔意义上的生存论分析，他们的首要关切是确立一种"从上帝出发"的视角以及确保上帝至高主权的客观性。在此基础上，他们试图回应魏玛共和国时期以反现代性为主导的文化潮流，构建一种关于生命问题的"元理论"，批判把生命现象化约为社会界别内部的局部经验性问题，这是以《〈罗马书〉释义（第二版）》为代表的辩证神学在当时的德国文化界不少先锋名

---

62. Barth，*Der Römerbrief*（Zweite Fassung）1922，683.

流那里获得认可的原因所在。

　　四十余年之后，莫尔特曼再次回归上帝主权与生命现象的内在关联，但侧重点完全不同。"为什么只有我还活着？"和"为什么要继续活下去？"，两者触及生命的延续以及生命力的来源问题。唯有亲身经验了生命的灭绝，"活下去"才会成为一个问题。莫尔特曼在自传中详细叙述了盟军始于 1943 年 7 月 24 日的"蛾摩拉行动"，他的故乡汉堡被超过一千架战斗机连续轰炸，炸弹与燃烧弹引起的火灾释放出千度以上高温，即便撤退到防空洞，也难逃厄运。目力所及之处，除了断壁残垣，就是已经烧焦碳化的尸体。[63] 在莫尔特曼纪录片《生命之路》中，[64] 莫尔特曼的妹妹讲述了最初几天的"蛾摩拉行动"对十七岁的莫尔特曼造成的影响，这在莫尔特曼自传中未曾被提及。1943 年 2 月，也即"蛾摩拉行动"的五个月前，莫尔特曼所在的班级被强征入"阿斯特-高炮部队"，在"蛾摩拉行动"开始之后，部队成员被许可在轰炸暂歇的日间回家报平安，但夜晚必须返回营地。按莫尔特曼妹妹的记忆，当时火车已经不通，莫尔特曼有一次步行三小时回到家里，然后就"靠在李子树上，不跟任何人讲话"，她的哥哥"逃入内心"。持续一周多的"蛾摩拉行动"接近尾声之时，站立莫尔特曼近旁的战友肖普（Gerhard Schopper）突然被炸死，战友身首异处的当晚，他发出自己的上帝之问："我的上帝，你在哪里？"

　　笔者在《莫尔特曼与北森嘉藏论"上帝之痛"》一文中曾

---

63. Moltmann, *Weiter Raum*, 27f.
64. 纪录片《生命之路》的作者是八〇后纪录片导演潘蕾蕾和王鑫。

指出，这个发问模式非常接近旧约的个体性哀告诗，用上帝在空间意义上的不在场反向表达与其联系的强度，尤其当人与周围世界的生命联系被切断之时。这既是绝望之问，又是信仰之问，在这个问题所打开的纵深视野中，"为什么只有我还活着？"和"为什么要继续活下去？"这两个子问题才真正具备神学意义：对生命力因经历灭绝而销蚀的哀告正是求生的表达，控诉的对象正是呼求的对象。"我被丢在死人中，好像被杀的人躺在坟墓里，他们是你不再记念的，与你隔绝了"，《诗篇》88：5 的这一哀告不会止于自身，它指向《诗篇》30：3 中的"你曾把我的灵魂从阴间救上来"，这既是《诗篇》特有的敬虔模式 [65]，也是任何具有体验深度的神学思维不会陌生的辩证结构。在莫尔特曼这里，上帝主权与生命现象的关联点是生命力（Lebenskraft）：上帝的主权体现于祂赋予生命继续存活下去的生命力。"生命必须被肯定" [66]，这传达出的不是现代人类中心主义的自我溢美，而是"你曾把我的灵魂从阴间救上来"，以及由此而生发的生之诫命（Gebot）。在《伦理学》遗稿中，朋霍费尔针对自杀问题写道："上帝捍卫生命的权利，反对厌倦自己生命的人" [67]，意义即在于此。生命力被剥夺之后，如何继续活下去，这是莫尔特曼切入上帝主权问题的角度。

　　亲身经历了大规模的生命灭绝现象之后，如何继续活下

---

65. Bernd Janowski, *Konfliktgespräche mit Gott*：*Eine Anthropologie der Psalmen* （Neukirchen-Vluyn：Neukirchener Verlag, 2003）.

66. Jürgen Moltmann, *Der lebendige Gott und die Fülle des Lebens*：*Auch ein Beitrag zur Atheismusdebatte unserer Zeit*, 2. Aufl. （Gütersloh：Gütersloher Verlagshaus, 2015）, 151.

67. Bonhoeffer, *Ethik*, 196.

去？这不是巴特的问题，因为他没有这样的经验。从二十世纪宏观历史的角度来看，莫尔特曼和巴特在这一点上的差异也对应着第二次世界大战和第一次世界大战在德语世界产生的不同影响。一战主战场基本不在德国本土，对速战速决的预估和战争胶着以至最终战败之间的反差，对战争之"净化"作用的狂热和不得不面对伤残者战后返乡的荒谬感，诸多类似矛盾引发了大量具有存在主义特征的现代性批判，无论这种批判是以文学或绘画，还是以哲学或神学的面貌展现出来。二战接续一战，但影响不同，类似于日本，德国本土在战争后期经受了全方位的毁灭性打击，上文提及的"蛾摩拉行动"只是盟军军事打击行动之一，而且针对的目标不止汉堡，德国人不再如一战时隔空缅怀自己的青年战士客死他乡，而是要面对大规模的战争死亡成为本土的日常现实，再加上犹太人大屠杀及其引发的罪责问题，这一切都使德语神学的发问方式产生了重大变化。巴特和莫尔特曼都堪称是"战后"思想家，但战争在两者思想中留下的烙印是不同的：对巴特而言，德国威廉时代稳固的政治社会秩序在一战中的迅速崩溃具有决定性意义，它奠定了巴特神学中严格区分人的各类自我投射和上帝至高主权的基本倾向；在莫尔特曼这里，第三帝国及其覆灭所引发的大规模生命灭绝现象则构成根本性的神学经验，对上帝主权的追问和对生命奥秘与意义的追问相辅相成，对上帝主权的认识要成为"承托起生存的知识"，上帝主权的特征不是其至高性，而是与被剥夺生命力者的休戚与共（*Solidarität*）以及对生的肯定，对上帝主权的这种理解，《盼望神学》和《被钉十字架的上帝》分别是从国度（*Reich*）和十字架这两个互补角度作出表述的。

《盼望神学》1964 年出版之后，引发学界热议；莫尔特曼在书面答复针对《盼望神学》的诸多批评时明确指出，他的基本神学思路是对国度和十字架进行并置，"上帝国度是十字架的肯定性内涵，因此十字架是国度的否定性内涵"[68]。从国度来理解十字架，或者说"十字架的终末化"[69]是《盼望神学》的侧重点，该书第三章第九节"被钉的基督与复活显现者的同一性"[70]尤其清晰体现了这一点。《盼望神学》强调上帝的应许开辟出国度的境域（*Horizont*）以及人被差派（*Sendung*）进入这个境域之中，盼望（*Hoffnung*）的实质是被差派者的生命之力，其源头正在于被钉者的复活所揭示出的"一种新创造的存在根基（*Seinsgrund*）"[71]。上帝在历史中的主权，或者说祂与被剥夺生命力者休戚与共的方式是在应许中把后者差派入历史的将来境域："当人开始在信仰与盼望中面向这个上帝的可能性与应许去生活时，生命的丰富便展开为具有历史性的生命，因而也就是要被热爱的生命。"[72]对生命的重新接纳或者说盼望，它不能勾销"时间的伤痛"[73]，而是必须携带这个"当下的十字架"[74]而行，因为它要"在上帝的应许之上为消逝的、垂死的和死去的

68. Marsch, *Diskussion über die "Theologie der Hoffnung" von Jürgen Moltmann*，227.

69. A. a. O.，223.

70. Moltmann，*Theologie der Hoffnung*，179ff.

71. Marsch, *Diskussion über die "Theologie der Hoffnung" von Jürgen Moltmann*，224.

72. Moltmann，*Theologie der Hoffnung*，26.

73. A. a. O.

74. A. a. O.

瞻望未来"[75]。《被钉十字架的上帝》与《盼望神学》相对，从十字架来理解国度，使子"开放的可受伤性"[76]成为父的主权[77]的内在环节，用父因子而受难来表述上帝与被剥夺生命力者的休戚与共。在这两部著作中，上帝主权都与"消逝的、垂死的和死去的"具有何种终末前途这个问题紧密结合在一起。

按布什的记载，巴特在1968年去世前一个半月和他谈起《盼望神学》，回忆莫尔特曼曾在1966年拜访过自己，两人当时的谈话围绕上帝论展开。巴特面告莫尔特曼：你的上帝给人留下"贫乏的印象"（*poveren Eindruck*）[78]，莫尔特曼答道："上帝是贫乏的（*ärmlich*）！"[79]随即指向巴特悬挂在书桌前的那幅格吕内瓦尔德的画。巴特回应道："莫尔特曼先生，您代表的是怎样的一种神学！被钉者，祂在这种贫乏中恰恰启示了上帝的丰足，恰恰只有祂才是永恒丰足的上帝！"[80]巴特和莫尔特曼之间的对谈肯定不止三句话，经过巴特本人和布什的两层转述，只剩下看上去似乎是相互关联的这三句。巴特提到"贫乏的印象"，针对的是莫尔特曼用盼望来连结上帝主权和被差派入历史的人，尤其是他眼中盼望的空洞性对上帝主权概念的销蚀。莫尔特曼用"上帝是贫乏的"来回应，把意义方向带到路

---

75. A. a. O., 27.

76. Jürgen Moltmann, *Der gekreuzigte Gott: Das Kreuz Christi als Grund und Kritik christlicher Theologie*（Gütersloh: Gütersloher Verlagshaus, 2016), 236.

77. 参本书第四章《莫尔特曼与北森嘉藏论"上帝之痛"》第五部分"'上帝之痛'与上帝的主权"。

78. Busch, *Meine Zeit mit Karl Barth*, 653.

79. 参本书序言中莫尔特曼对自己求学时代拜访巴特寓所的回忆。

80. Busch, *Meine Zeit mit Karl Barth*, 653.

德十字架神学语境中基督的"人性、虚弱、愚拙"(*humanitas*, *infirmitas*, *stulticia*) [81] 上，这显然是数年后《被钉十字架的上帝》一书的核心论点之一。巴特对莫尔特曼的回应承接这个意义，符合十字架神学的经典结构，即上帝的贫乏与其丰足之间的对比结构，但他把侧重点拉回到上帝的"永恒丰足"上。这三句高度浓缩的对话无法让人得知两人当时交流的全貌，但仍在一定程度上反映出巴特在上帝主权与人之间严格划界的倾向。上文曾提到巴特对莫尔特曼终末论的批判，表达的含义是类似的："终末论必须去谈上帝所做的新事，也就是在其显现中的上帝自身，而不是去谈人在未来想要经历的新事、人认为能够经历的新事，以及人意图造作的新事。这是莫尔特曼的软肋，他讲的不就是人对那些尚未存在的、可以希冀的和可能的东西保持开放吗？" [82]

对巴特而言，"人在未来想要经历的新事"，其本质是人在历史中追随己意的虚幻造作，被高傲、怠惰与谎言 [83] 所缠绕，暧昧不明，用上帝为之背书将损害上帝主权，使其"贫乏"；在莫尔特曼这里，"人在未来想要经历的新事"首先事关"活下去"，求"新"(*novum*) 不是在造作中求刺激，而是求新的生命力，发生在"新事"之前的，是"你曾把我的灵魂从阴间救上来"。笔者在上文指出，两者之间的这个"断层"并非源于学理偏好上的差异，而是源于经验的差异。通过重新激活盟约神

---

81. *WA* 1，362，4–5.
82. Busch, *Meine Zeit mit Karl Barth*，140.
83. 这是巴特罪论的三个核心。

学传统，巴特在战后已强有力地表达出上帝对生的肯定，但莫尔特曼为之增添了新的内涵，即上帝与被剥夺生命力者的休戚与共，其旨趣显然不是形而上学或哲学有神论（*philosophischer Theismus*）[84]，而是对生命灭绝现象的回应。伴随这个新内涵而来的，是罪论聚焦点的变化，这是《盼望神学》导言第三节以"绝望之罪"（*Sünde der Verzweiflung*）为标题的原因。在这一节里，莫尔特曼明确区分两类罪，一类以人的自我扩张为标志，是"想要和上帝相似"的罪，另一类以"对生命的厌倦"（*taedium vitae*）[85]为标志，是绝望的罪，他的罪论聚焦在第二类上。绝望是盼望的反面，它的罪性在于违背了生之诫命，正如上文对朋霍费尔的引述，"上帝捍卫生命的权利，反对厌倦自己生命的人"，以厌倦为标志的绝望是对生命灭绝现象的消极认同，"上帝赐给他应许，但人却不愿回应对他提出的要求"[86]。与之相比，巴特在和解论框架里构建的三元式罪论偏重第一类，笔者不在此赘述。[87]

"绝望之罪"是在生命灭绝现象这个语境里展开的罪论，脱离这个语境，绝望以及与之相关的盼望"学说"面临被随意诠释和装扮的危险。《盼望神学》论述的绝望与盼望跟在启蒙意义上的自我实现是否达成毫无关系，绝望之所以是罪，不是指它对理性主体的能力和价值失去信心，而是指它违背生之诫命。

---

84. 激活哲学有神论传统是潘能伯格的重要思想关切之一。

85. Moltmann, *Theologie der Hoffnung*, 19.

86. A. a. O., 18.

87. 参曾劭恺教授的相关精彩论述：Shao Kai Tseng, *Barth's Ontology of Sin and Grace: Variations on a Theme of Augustine*（London and New York: Routledge, 2019), 76ff.。

盼望和绝望关系到"活还是不活"的问题，而不是人的愿望是否达成的问题，莫尔特曼神学思考的起点是"奥斯威辛之后"，不是"启蒙之后"，莫尔特曼著作的阅读者和诠释者中并非所有人都真正理解了这一点。以巴特的现代性批判为预设，莫尔特曼针对绝望和盼望的论述基本被误读为近代意义上的人类中心论，而奥斯威辛所代表的生命灭绝现象在两者之间造成的"断层"则被完全掩盖。就二十世纪下半叶的德语神学而言，莫尔特曼的贡献正在于把生命灭绝现象、生之诫命以及与之相关的"文化记忆"引入系统神学的基础论域，例如三一论[88]和圣灵论[89]等，这使他既区别于巴特，也区别于潘能伯格。过去十年间，年逾八十的莫尔特曼相继出版《盼望伦理》[90]及《永活的上帝与生命的充盈》[91]，生之诫命仍是其论述主线。少年时期对生命灭绝现象的生存性经验绝不仅仅只具有传记花絮的意义，它赋予莫尔特曼独一无二的神学起点[92]，也推动他对上帝在历史中的主权形成新的见解，对于这个见解的内涵与价值，晚年的巴特并没有真正理解。

　　"绝望之罪"以及"对生的肯定"源于"奥斯威辛之后"，它们是莫尔特曼留给世界神学的两项思想遗产，对于当下流行的罪

88. Moltmann, *Trinität und Reich Gottes*, 230ff.

89. Moltmann, *Der Geist des Lebens*, 95ff. 参考丹兹对莫尔特曼圣灵论的最新评析：Christian Danz, *Gottes Geist: Eine Pneumatologie*（Tübingen: Mohr Siebeck, 2019），10ff.。

90. Jürgen Moltmann, *Ethik der Hoffnung*（Gütersloh: Gütersloher Verlagshaus, 2010）.

91. Jürgen Moltmann, *Der lebendige Gott und die Fülle des Lebens: Auch ein Beitrag zur Atheismusdebatte unserer Zeit*, 2. Aufl.（Gütersloh: Gütersloher Verlagshaus, 2015）.

92. Moltmann, *Erfahrungen theologischen Denkens*, 19f.

论和生命观而言，意义尤其重大。今天的罪论突出罪的系统性和匿名性，[93] 人在社会结构中的易受诱惑性和自我迷失成为罪展现其权力的场域，与之相应，生命的自我延续透过"弱肉强食"而体现出的残酷性得到强调。[94] 这种罪论与生命观揭示了消费社会虚伪的"浪漫化"生命观，因为后者借助各类宗教话语和伦理话语，把人通过消费来填充的虚无"自我"美化为至高。这种带有宗教批判特征的理解角度突出对罪和对生命的现实主义认知，着眼点是人的必死性与世界的沉沦，一百年前的辩证神学已为之作出最佳示范；神学的根本视域是上帝与生，而非上帝与死，对死的论述只因复活和新创造而有意义，脱离这个视域，上述罪论与生命观的"现实主义"将削弱继而消解神学论述的基本品质。当被透视的"赤裸生命"成为技术时代的世界性现实之时，"绝望之罪"和"对生的肯定"提示我们更为深刻的现实维度和生命维度，重建疾病观、生命观和全球史观成为迫切的思想任务，在此，真正具有启发意义的基础视域不是"去乌托邦"思维的"弱肉强食"，而是保罗意义上"受造之物切望等候"（*exspectatio creaturae*）的终末远象，它的深度正是源于对煎熬中的生命和上帝的主权所进行的并置，脱离这一视域，我们将难以正确把握奥古斯丁在"世界史"问题上的深刻洞见：

---

93. Sigrid Brandt, Marjorie Hewitt Suchocki and Michael Welker, eds., *Sünde: Ein unverständlich gewordenes Thema*（Neukirchen-Vluyn: Neukirchener Verlag, 2005）.

94. Michael Welker, "Gottes Gerechtigkeit," *Neue Zeitschrift für systematische Theologie und Religionsphilosophie* 56, no. 4（2014）: 413.

如今，世界就像一部榨油机，它正在挤榨。如果你是泡沫，那么，你就流入排泄管道；如果你是油，那么，你就留在油箱中。被挤榨是不可避免的；只是请你留意泡沫、留意油。世界上之所以出现挤榨现象，乃是因为饥馑、战争、贫困、物价上涨、困窘、死亡、掠夺、吝啬；这些都是穷人的苦难和国家的艰忧；我们体验着这些……于是，就有一些人在这样的苦难中愤愤不平地说："基督教时代是多么糟糕啊……"这就是从榨油机中流出、经排泄管道排泄掉的泡沫。泡沫的命运是悲惨的，因为它们在亵渎神灵；泡沫不发光，油才有光泽。也就是说，还有另一种人，处在同样的挤榨和将他们磨碎的研磨中——难道这不是一种把他们研磨得如此光亮的研磨吗？[95]

95. 卡尔·洛维特：《世界历史与救赎历史：历史哲学的神学前提》，李秋零、田薇译，上海：上海三联书店，2002年，第1页。

参考文献

中文文献

巴赫金：《陀思妥耶夫斯基诗学问题》，白春仁、顾亚铃等译，
　　石家庄：河北教育出版社，1998 年。

卡尔·洛维特：《世界历史与救赎历史：历史哲学的神学前提》，
　　李秋零、田薇译，上海：上海三联书店，2002 年。

洪亮：《差异中的理解——莫尔特曼与杜维明对谈侧记》，载
　　《道风：基督教文化评论》35（2011）：389-396。

洪亮：《第四十二届巴特年会与经典的跨学科重读》，载《道风：
　　基督教文化评论》36（2012 春）：335-338。

洪亮：《评卡尔·巴特〈《罗马书》释义（第二版）〉2010 年最
　　新校勘本》，载《道风：基督教文化评论》36（2012 秋）：
　　313-326。

莫尔特曼：《盼望伦理》，王玉静译，香港：道风书社，2015 年。

奥特、奥托编：《信仰的回答——系统神学五十题》，李秋零译，

香港：道风书社，2005 年。

外文文献

Adorno, Theodor W. "Kulturkritik und Gesellschaft." In *Gesammelte Schriften*, *Band 10.1*: *Kulturkritik und Gesellschaft I*, *Prismen*, *Ohne Leitbild*, 11–33. Frankfurt am Main: Suhrkamp Verlag, 1977.

Agamben, Giorgio. *The Time That Remains*: *A Commentary on the Letter to the Romans*. Translated by Patricia Dailey. Stanford: Stanford University Press, 2005.

Agamben, Giorgio. *Pilatus und Jesus*. Edited by Andreas Hiepko. Berlin: MSB Matthes & Seitz Verlagsgesellschaft, 2014.

Aquin, Thomas von. *Summa contra gentiles*. Bd.1. Edited by Karl Albert, Paulus Engelhardt and Leo Dümpelmann. 2. Aufl. Darmstadt: Wissenschaftliche Buchgesellschaft, 2005.

Arendt, Hannah. *Menschen in finsteren Zeiten*. Edited by Ursula Ludz. 2. Aufl. München/Zürich: Piper-Verlag, 1989.

Arendt, Hannah. *The Human Condition*. 2nd ed. Chicago: The University of Chicago Press, 1998.

Arendt, Hannah. *Denktagebuch 1950–1975*. 2 Bde. Edited by Ursula Ludz and Ingeborg Nordmann. München: Piper-Verlag, 2002.

Arendt, Hannah. *Der Liebesbegriff bei Augustin*: *Versuch einer philosophischen Interpretation*. Edited by Ludger Lütkehaus. Berlin/ Wien: Verlagsgesellschaft, 2003.

Arendt, Hannah. *Responsibility and Judgment*. Edited and with an introduction by Jerome Kohn. New York: Schocken Books, 2003.

Arendt, Hannah and Joachim Fest. *Eichmann war von empörender Dummheit*: *Gespräche und Briefe*. München: Piper-Verlag, 2011.

Arendt, Hannah. *Über das Böse*: *Eine Vorlesung zu Fragen der Ethik*. Edited by Jerome Kohn. Translated by Ursula Ludz. 5. Aufl. München/Zürich: Piper-Verlag, 2012.

Arendt, Hannah. *Vita activa oder Vom tätigen Leben*. 14. Aufl. München/

Zürich: Piper-Verlag, 2014.

Arendt, Hannah. *Das Urteilen*. Edited by Roland Beiner.Translated by Ursula Ludz. 3. Aufl. München/Berlin/Zürich: Piper-Verlag, 2015.

Arendt, Hannah. *Eichmann in Jerusalem: Ein Bericht von der Banalität des Bösen*. 12. Aufl. München/Berlin/Zürich: Piper-Verlag, 2015.

Arendt, Hannah. *Über die Revolution*. 5. Aufl. München/Berlin/Zürich: Piper-Verlag, 2015.

Arendt, Hannah. *Vom Leben des Geistes: Das Denken, Das Wollen*. Edited by Mary McCarthy. Translated by Hermann Vetter. 8. Aufl. München: Piper-Verlag, 2015.

Aristoteles, *Nikomanische Ethik*, Edited and Translated by Ursula Wolf. 5. Aufl. Reinbeck bei Hamburg: Rowohlt Verlag, 2015.

Assmann, Jan, Bernd Janowski and Michael Welker.*Gerechtigkeit: Richten und Retten in der abendländischen Tradition und ihren altorientalischen Ursprüngen*. München: Wilhelm Fink, 1998.

Augustinus, Aurelius. *Bekenntnisse*. Translated by Joseph Bernhart. Frankfurt: Insel Verlag, 1987.

Barth, Christoph. *Die Errettung vom Tode: Leben und Tod in den Klage- und Dankliedern des Alten Testaments*. Edited by Bernd Janowski. Stuttgart: Verlag W. Kohlhammer, 1997.

Barth, Karl. *Die Kirchliche Dogmatik*, I.1. 8. Aufl. Zürich: EVZ-Verlag, 1964.

Barth, Karl. *Die Kirchliche Dogmatik*, II.1. 4. Aufl. Zollikon: Evangelischer Verlag AG, 1958.

Barth, Karl. *Die Kirchliche Dogmatik*, II.2. 3. Aufl. Zollikon-Zürich: Evangelischer Verlag AG, 1959.

Barth, Karl. *Die Kirchliche Dogmatik*, III.1. 3. Aufl. Zollikon-Zürich: Evangelischer Verlag AG, 1957.

Barth, Karl. *Die Kirchliche Dogmatik*, III.2. 2. Aufl. Zollikon-Zürich: Evangelischer Verlag AG, 1959.

Barth, Karl. *Die Kirchliche Dogmatik*, III.3. Zollikon-Zürich: Evangelischer Verlag AG, 1950.

Barth, Karl. *Die Kirchliche Dogmatik*, III.4. 2. Aufl. Zollikon-Zürich:
Evangelischer Verlag AG, 1957.

Barth, Karl. *Die Kirchliche Dogmatik*, IV.1. Zollikon-Zürich:
Evangelischer Verlag AG, 1953.

Barth, Karl. *Die Kirchliche Dogmatik*, IV.3. Zollikon-Zürich:
Evangelischer Verlag AG, 1959.

Barth, Karl. *Der Römerbrief* (Erste Fassung) 1919. Edited by Hermann
Schmidt. Zürich: Theologischer Verlag, 1985.

Barth, Karl. *Der Römerbrief* (Zweite Fassung) 1922. Edited by Cornelis
van der Kooi and Katja Tolstaja. Zürich: Theologischer Verlag,
2010.

Barth, Karl. "Rechtfertigung und Recht." In *Theologische Studien*. Edited
by Karl Barth. Zollikon-Zürich: Evangelischer Verlag AG, 1944.

Barth, Karl. *Die protestantische Theologie im 19. Jahrhundert: Ihre
Vorgeschichte und ihre Geschichte*. 2. Aufl. Zürich & Zollikon:
Evangelischer Verlag, 1952.

Barth, Karl. "How my mind has changed." In *Der Götze wackelt.
Zeitkritische Aufsätze und Briefe von 1930 bis 1960*. Edited by Karl
Kupisch, 181-209. Berlin: Käthe Vogt Verlag, 1961.

Barth, Karl. *Einführung in die evangelische Theologie*. Zürich: EVZ-
Verlag, 1962.

Barth, Karl. "Dank und Reverenz. " *Evangelische Theologie* 23/7 (1963):
337-342.

Barth, Karl. *Das christliche Leben: Die Kirchliche Dogmatik, IV.4,
Fragmente aus dem Nachlass, Vorlesungen 1959-1961*. Edited
by Hans-Antons Drewes and Eberhard Jüngel. Zürich:
Theologelischer Verlag, 1976.

Barth, Karl. *Briefe 1961-1968*. Karl Barth Gesamtausgabe, Band 6.
Zürich: Theologischer Verlag, 1979.

Barth, Karl. *Texte zur Barmer Theologischen Erklärung*. Edited by Martin
Rohkrämer. Zürich: Theologischer Verlag, 1984.

Barth, Karl. *Gesamtausgabe Abteilung III: Vorträge und kleinere Arbeiten*

1914-1921. Hrsg. von Hans-Anton Drewes in Verbindung mit Friedrich W. Marquardt. Zürich: Theologischer Verlag, 2012.

Baumgarten, Otto. *Neue Bahnen: Der Unterricht in der christlichen Religion im Geist der modernen Theologie.* Tübingen & Leipzig: Mohr, 1903.

Beck, Johann Tobias. *Erklärung des Briefes Pauli an die Römer.* Nabu Press, 2010.

Benjamin, Walter. *Illuminations.* Edited by Hannah Arendt. Translated by Harry Zohn. New York: Schocken Books, 1968.

Berkouwer, Gerrit Cornelis. *Der Triumph der Gnade in der Theologie Karl Barths.* Translated by Theo Preis. Neukirchen Kreis Mores: Verlag der Buchhandlung des Erziehungsvereins, 1957.

Bloch, Ernst. *Das Prinzip Hoffnung.* Frankfurt am Main: Suhrkamp Verlag, 1959.

Bodin, Jean. *Über den Staat.* Translated by Niedhart Niedhart. Dietzingen: Reclam, 1976.

Bonhoeffer, Dietrich. *Jugend und Studium 1918-1927.* Werkausgabe, Band 9. Hrsg. von Hans Pfeifer in Zusammenarbeit mit Clifford J. Green und Carl-Jürgen Kaltenborn. 2. Aufl. München: Chr. Kaiser, 2005.

Bonhoeffer, Dietrich. *Ethik.* Edited by Ilse Tödt, Heinz Eduard Tödt, Ernst Feil and Clifford Green. Gütersloh: Gütersloher Verlagshaus, 2015.

Bonhoeffer, Dietrich. *Gemeinsames Leben/Das Gebetbuch der Bibel.* Edited by Gerhard Ludwig Müller and Albrecht Schönherr. Gütersloh: Gütersloher Verlagshaus, 2015.

Bonhoeffer, Dietrich. *Nachfolge.* Edited by Martin Kuske and Ilse Tödt. Gütersloh: Gütersloher Verlagshaus, 2015.

Bonhoeffer, Dietrich. *Widerstand und Ergebung: Briefe und Aufzeichnungen aus der Haft.* Hrsg. von Christian Gremmels, Eberhard Bethge u. Renate Bethge in Zusammenarbeit mit Ilse Tödt. Gütersloh: Gütersloher Verlagshaus, 2015.

Bousset, Wilhelm. *Jesu Predigt in ihrem Gegensatz zum Judentum*: *Ein religionsgeschichtlicher Vergleich*. Göttingen: Vandenhoeck & Ruprecht, 1964.

Bousset, Wilhelm. *Kurios Christos*. Göttingen: Vandenhoeck & Ruprecht, 1965.

Bousset, Wilhelm. *Die Religion des Judentums im späthellenistischen Zeitalter*. Edited by Hugo Gressmann. 4. Aufl. Tübingen: J.C.B. Mohr (Paul Siebeck), 1966.

Brandt, Sigrid, Marjorie Hewitt Suchocki, and Michael Welker, eds. *Sünde*: *Ein unverständlich gewordenes Thema*. Neukirchen-Vluyn: Neukirchener Verlag, 2005.

Brazier, Paul. *Barth and Dostoevsky*: *A Study of the Influence of the Russian Writer Fyodor Mikhailovich Dostoevsky on the Development of the Swiss Theologian Karl Barth*, *1915-1922*. Milton Keynes/UK/ Colorado Springs: Paternoster, 2007.

Bultmann, Rudolf. *Geschichte und Eschatologie*. 2. Aufl. Tübingen: J. C. B. Mohr (Paul Siebeck), 1957.

Busch, Eberhard. *Humane Theologie*: *Texte und Erläuterungen zur Theologie des alten Karl Barth*. Zürich: EVZ-Verlag, 1967.

Busch, Eberhard. *Karl Barths Lebenslauf*. *München*: *Chr. Kaiser*, 1978.

Busch, Eberhard. *Meine Zeit mit Karl Barth*. Göttingen: Vandenhoeck & Ruprecht, 2011.

Calvin, Johannes. *Unterricht in der christlichen Religion*: *Institutio Christianae Religionis*. Edited by Matthias Freudenberg. Neukirchen-Vluyn: Foedus-Verlag, Neukirchener Verlag, 2008.

Chapman, David W., and Eckhard J. Schnabel. *The Trial and Crucifixion of Jesus*: *Texts and Commentary*. Tübingen: Mohr Siebeck, 2015.

Danz, Christian. *Gottes Geist*: *Eine Pneumatologie*. Tübingen: Mohr Siebeck, 2019.

Drews, Paul. *Das Problem der Praktischen Theologie*: *Zugleich ein Beitrag zur Reform des theologischen Studiums*. Tübingen: Mohr, 1910.

Drews, Paul. "Moderne Theologie und Reichgottesarbeit:

Auseinandersetzung mit Karl Barth." *Zeitschrift für Theologie und Kirche* 19（1909）: 475–479.

Gadamer, Hans-Georg. "Hermeneutik und Historismus." In *Hermeneutik II Wahrheit und Methode. Ergänzungen, Register*, 387–424. Tübingen: Mohr Siebeck, 1986.

Harnack, Adolf von. "Fünfzehn Fragen an die Verächter der wissenschaftlichen Theologie unter den Theologen." *Die Christliche Welt* 37（1923）: 6–8.

Heidegger, Martin. *Phänomenologie des religiösen Lebens*. Frankfurt: Vittorio Klostermann, 1995.

Hick, John. *Evil and the God of Love*. New York: Harper & Row, 1966.

Hobbes, Thomas. *Leviathan*. Translated by Jutta Schlösser. Hamburg: Felix Meiner Verlag, 1996.

Holsten, Carl. "Die Bedeutung des Wortes sarx im Lehrbegriffe des Paulus（1855）." In *Zum Evangelium des Paulus und des Petrus: Altes und Neues*, 365–447. Rostock: Stillersche Hofbuchhandlung, 1868.

Holtzmann, Heinrich Julius. *Lehrbuch der neutestamentlichen Theologie 2*. 2. Aufl. Tübingen: Mohr Sieback, 1911.

Hong, Liang. *Leben vor den letzten Dingen: Die Dostojewski-Rezeption im frühen Werk von Karl Barth und Eduard Thurneysen（1915–1923）*. Neukirchen-Vluyn: Neukirchener Verlag, 2016.

Janowski, Bernd. *Rettungsgewissheit und Epiphanie des Heils: Das Motiv der Hilfe Gottes "am Morgen" im Alten Orient und in Alten Testament*. Neukirchen-Vluyn: Neukirchener Verlag, 1989.

Janowski, Bernd. *Die rettende Gerechtigkeit. Beiträge zur Theologie des Alten Testaments 2*. Neukirchen-Vluyn: Neukirchener Verlag, 1999.

Janowski, Bernd. *Konfliktgespräche mit Gott: Eine Anthropologie der Psalmen*. Neukirchen-Vluyn: Neukirchener Verlag, 2003.

Jonas, Hans. *Der Gottesbegriff nach Auschwitz: Eine jüdische Stimme*. Baden-Baden: Suhrkamp Taschenbuch Verlag, 1984.

Jülicher, Adolf. *Paulus und Jesus.Tübingen*: *Mohr Sieback*, 1907.

Kant, Immanuel. *Die Religion innerhalb der Grenzen der bloßen Vernunft.* Edited by Bettina Stangneth. Hamburg: Felix Meiner Verlag, 2003.

Kant, Immanuel. *Kritik der Urteilskraft.* 3. Aufl. Hamburg: Felix Meiner Verlag, 2009.

Käsemann, Ernst. "Zum Thema der urchristlichen Apokalyptik." In *Exegetische Versuche und Besinnungen.* Bd. 2, 105–130. 3. Aufl. Göttingen: Vandenhoeck & Ruprech Verlag, 1970.

Keel, Othmar. *Die Welt der altorientalischen Bildsymbolik und das Alte Testament: Am Beispiel der Psalmen.* Zürich: Benziger Verlag, 1972.

Kierkegaard, Søren. *Philosophische Brocken: De omnibus dubitandum est.* Translated by Emanuel Hirsch. Düsseldorf/Köln: Eugen Diederichs Verlag, 1952.

Kitamori, Kazoh. *Theologie des Schmerzes Gottes.* Translated by Tsuneaki Kato and Paul Schneiss. Göttingen: Vandenhoeck & Ruprecht, 1972.

Knaake, Joachim Karl Friedrich, ed. *Dr. Martin Luthers Werke: Kritische Gesamtausgabe.* Bd. 1. Weimar: Hermann Böhlau, 1883.

Krötke, Wolf. *Sünde und Nichtiges bei Karl Barth.* 2. Aufl. Neukirchen-Vluyn: Neukirchener Verlag, 1983.

Leeb, Leo. "Mit Jürgen Moltmann im Dialogein Gipfeltreffen in Beijing." *China Heute* 184 (2014): 234–240.

Lietzmann, Hans. "Paulus." In *Das Paulusbild in der neueren deutschen Forschung.* In Verbindung mit Ulrich Luck, hrsg. von Karl H. Rengstorf, 380–409. Darmstadt: Wissenschaftliche Buchgesellschaft, 1964.

Loke, Andrew Ter Ern. *The Origin of Divine Christology.* New York: Cambridge University Press, 2017.

Löwith, Karl. *Mein Leben in Deutschland vor und nach 1933: Ein Bericht.* Stuttgart: J. B. Metzler, 1986.

Marsch, Wolf-Dieter, ed. *Diskussion über die "Theologie der Hoffnung"* . München: Chr. Kaiser Verlag, 1967.

Maßmann, Alexander. *Bürgerrecht im Himmel und auf Erden: Karl Barths Ethik.* Leipzig: Evangelische Verlagsanstalt, 2011.

Merz, Johann Baptist. *Memoria passionis: Ein provozierendes Gedächtnis in pluralistischer Gesellschaft.* Freiburg: Herder, 2006.

Mohler, Armin. *Die konservative Revolution in Deutschland 1918-1932.* Stuttgart: Friedrich Vorwerk, 1950.

Moltmann, Jürgen, ed. *Anfänge der dialektischen Theologie: Teil 1: Karl Barth, Heinrich Barth, Emil Brunner.* 6. Aufl. Gütersloh: Chr. Kaiser/Gütersloher Verlagshaus, 1995.

Moltmann, Jürgen, ed. *Anfänge der dialektischen Theologie: Teil 2: Rudolf Bultmann, Friedrich Gogarten, Eduard Thurneysen.* 2. Aufl. München: Chr. Kaiser Verlag, 1967.

Moltmann, Jürgen. *Perspektiven der Theologie: Gesammelte Aufsätze.* München: Chr. Kaiser, 1968.

Moltmann, Jürgen. *Politische Theologie-Politische Ethik.* München: Chr. Kaiser, 1984.

Moltmann, Jürgen. *Die Quelle des Lebens: Der Heilige Geist und die Theologie des Lebens.* Gütersloh: Chr. Kaiser, 1997.

Moltmann, Jürgen. *Das Kommen Gottes: Christliche Eschatologie.* 2. Aufl. Darmstadt: Wissenschaftliche Buchgesellschaft, 2005.

Moltmann, Jürgen. *Weiter Raum: Eine Lebensgeschichte.* Gütersloh: Gütersloher Verlagshaus, 2006.

Moltmann, Jürgen. "Auferstehung der Natur: Ein Kapitel der kosmischen Christologie." In *Gegenwart des lebendigen Christus.* Edited by Günter Thomas and Andreas Schüle, 141-149. Leipzig: Evangelische Verlagsanstalt, 2007.

Moltmann, Jürgen. *"Sein Name ist Gerechtigkeit": Neue Beiträge zur christlichen Gotteslehre.* Gütersloh: Gütersloher, 2008.

Moltmann, Jürgen. *Mensch.* Stuttgart: Kreuz, 2009.

Moltmann, Jürgen. "Response to Eve-Marie Engels." In *Schöpfungsglaube*

vor der Herausforderung des Kreationismus. Edited by Bernd
Janowski, Friedrich Schweitzer and Christoph Schwöbel, 107-
113. Neukirchen-Vluyn: Neukirchener Verlagsgesellschaft, 2010.

Moltmann, Jürgen. *Ethik der Hoffnung.* Gütersloh: Gütersloher
Verlagshaus, 2010.

Moltmann, Jürgen. "Politische Theologie in ökumenischen Kontexten."
In *Politische Theologie: Neuere Geschichte und Potenziale.* Edited by
Francis Schussler Fiorenza, Klaus Tanner and Michael Welker,
1-10. Neukirchen-Vluyn: Neukirchener, 2011.

Moltmann, Jürgen. *So komm, dass wir das Offene schauen: Perspektive
der Hoffnung.* Stuttgart: Calwer, 2011.

Moltmann, Jürgen. "Das Geheimnis der Vergangenheit." In *Das
Geheimnis der Vergangenheit.* Neukirchen-Vluyn: Neukirchener,
2012.

Moltmann, Jürgen. "Gott und die Seele-Gott und die Sinne." In *Gott-
Seele-Welt: Interdisziplinäre Beitrag zur Rede von der Seele.* Edited by
Bernd Janowski and Christoph Schwöbel, 71-95. Neukirchen-
Vluyn: Neukirchener Verlagsgesellschaft, 2013.

Moltmann, Jürgen. "Nachwort." In *Grundlagen der Dogmatik,* 817-824.
Neukirchen-Vluyn: Neukirchener Verlagsgesellschaft, 2013.

Moltmann, Jürgen. "'Verstehst du auch, was Du liest?'
Neutestamentliche Wissenschaft und die hermeneutische Frage
der Theologie: Ein Zwischenruf." *Evangelische Theologie* 72, no. 3
(2014): 405-414.

Moltmann, Jürgen. *Der lebendige Gott und die Fülle des Lebens: Auch
ein Beitrag zur Atheismusdebatte unserer Zeit.* 2. Aufl. Gütersloh:
Gütersloher Verlagshaus, 2015.

Moltmann, Jürgen. *Der Geist des Lebens: Eine ganzheitliche Pneumatologie.*
Gütersloh: Gütersloher Verlagshaus, 2016.

Moltmann, Jürgen. *Der gekreuzigte Gott: Das Kreuz Christi als Grund und
Kritik christlicher Theologie.* Gütersloh: Gütersloher Verlagshaus,
2016.

Moltmann, Jürgen. *Erfahrungen theologischen Denkens: Wege und Formen christlicher Theologie*. Gütersloh: Gütersloher Verlagshaus, 2016.

Moltmann, Jürgen. *Gott in der Schöpfung*. Gütersloh: Gütersloher Verlagshaus, 2016.

Moltmann, Jürgen. *Hoffen und Denken: Beiträge zur Zukunft der Theologie*. Neukirchen: Neukirchener Verlag, 2016.

Moltmann, Jürgen. *Theologie der Hoffnung: Untersuchungen zur Begründung und zu den Konsequenzen einer christlichen Theologie*. Gütersloh: Gütersloher Verlagshaus, 2016.

Moltmann, Jürgen. *Trinität und Reich Gottes: Zur Gotteslehre*. Gütersloh: Gütersloher Verlagshaus, 2016.

Moltmann, Jürgen, Carmen Rivuzumwami and Thomas Schlag, eds. *Hoffnung auf Gott-Zukunft des Lebens: 40 Jahre "Theologie der Hoffnung"*. Gütersloh: Gütersloher, 2005.

Niebergall, Friedrich. *Praktische Theologie: Lehre von der kirchlichen Gemeindeerziehung auf religionswissenschaftlicher Grundlage*. 2 Bde. Tübingen: Mohr, 1918-1919.

Nietzsche, Friedrich. *Nachlass 1885-1887: Kritische Studienausgabe*. Bd. 12. Edited by Giorgio Colli and Mazzino Montinari. München: Deutsche Taschenbuch Verlag, 1999.

Nitzsch, Karl Immanuel. *Praktische Theologie*. 3 Bde. Bonn: Adolph Marcus Verlag, 1847-1857.

Overbeck, Franz. *Werke und Nachlaß, Bd. VI: Kirchenlexikon. Materialien, I: Christentum und Kultur. Gedanken und Anmerkungen zur modernen Theologie*. Edited by Barbara von Reibnitz. Stuttgart/ Weimar: J. B. Metzler Verlag, 1996.

Pannenberg, Wolfhart. *Grundzüge der Christologie*. Gütersloh: Gütersloher Verlagshaus Gerd Mohn, 1964.

Pannenberg, Wolfhart. *Anthropologie in theologischer Perspektive*. Göttingen: Vandenhoeck & Ruprecht Verlag, 1983.

Pannenberg, Wolfhart. *Wissenschaftstheorie und Theologie*. Frankfurt: Suhrkamp Verlag, 1987.

Pannenberg, Wolfhart. *Metaphysik und Gottesgedanke*. Göttingen: Vandenhoeck & Ruprecht, 1988.

Pannenberg, Wolfhart. *Problemgeschichte der neueren evangelischen Theologie in Deutschland: Von Schleiermacher bis zu Barth und Tillich*. Göttingen: Vandenhoeck & Ruprecht, 1997.

Pannenberg, Wolfhart. *Grundfragen systematischer Theologie: Gesammelte Aufsätze*. Göttingen: Vandenhoeck & Ruprecht, 2011.

Pannenberg, Wolfhart. *Was ist der Mensch? Die Anthropologie der Gegenwart im Lichte der Theologie*. Göttingen: Vandenhoeck & Ruprecht, 2011.

Pannenberg, Wolfhart, ed. *Offenbarung als Geschichte*. Göttingen: Vandenhoeck & Ruprecht, 1961.

Pfleiderer, Otto. *Der Paulinismus: Ein Beitrag zur Geschichte der urchristlichen Theologie*. Leipzig: Fues's Verlag, 1873.

Plantinga, Alvin. *God, Freedom and Evil*. Grand Rapids/Michigan: Wm. B. Eerdmans Publishing, 1974.

Rengstorf, Karl Heinrich, ed. *Das Paulusbild in der neueren deutschen Forschung*. In Verbindung mit Ulrich Luck. Darmstadt: Wissenschaftliche Buchgesellschaft, 1964.

Rosenzweig, Franz. *Der Stern der Erlösung*. 3. Aufl. Heidelberg: Lambert Schneider, 1954.

Schleiermacher, Friedrich D. E. *Kurze Darstellung des theologischen Studiums zum Behuf einleitender Vorlesungen (1811/1830)*. Edited by Dirk Schmid. Berlin & New York: De Gruyter, 2002.

Schmitt, Carl. *Der Begriff des Politischen: Text von 1932 mit einem Vorwort und drei Corollarien*. 9. korrigierte Aufl. Berlin: Duncker & Humblot, 2015.

Schmitt, Carl. *Politische Theologie: Vier Kapitel zur Lehre von der Souveränität*. 10. Aufl. Berlin: Duncker & Humblot, 2015.

Schult, Maike. *Im Banne des Poeten: Die theologische Dostoevskij-Rezeption und ihr Literaturverständnis*. Göttingen: Vandenhoeck & Ruprech Verlag, 2012.

Schweitzer, Albert. *Geschichte der Leben-Jesu-Forschung.* 5., photomechan. gedr. Aufl. Tübingen: Mohr 1933.

Schweitzer, Albert. *Die Lehre von der Ehrfurcht vor dem Leben: Grundtext aus fünf Jahrzehnten.* München: C.H. Beck, 2013.

Springhart, Heike. *Der verwundbare Mensch: Sterben, Tod und Endlichkeit im Horizont einer realistischen Anthropologie.* Tübingen: Mohr Siebeck, 2016.

Stadtland, Tjarko. *Eschatologie und Geschichte in der Theologie des jungen Karl Barth.* Neukirchen: Neukirchener Verlag des Erziehungswesens, 1966.

Theißen, Gerd, and Annette Merz. *Der historische Jesus: Ein Lehrbuch.* 4. Aufl. Göttingen: Vandenhoeck & Ruprecht Verlag, 2011.

Thurneysen, Eduard. Brief vom 22. September 1921（an Karl Barth）（Karl Barth Archiv. KBA）.

Thurneysen, Eduard. *Dostojewski.* München: Chr. Kaiser Verlag, 1921.

Thurneysen, Eduard. "Die Anfänge." In *Antwort: Karl Barth zum 70. Geburtstag am 10. Mai 1956*, 831–864. Zollikon-Zürich: Evangelischer Verlag AG, 1956.

Thurneysen, Eduard. *"Das Römerbriefmanuskript habe ich gelesen": Eduard Thurneysens gesammelte Briefe und Kommentare aus der Entstehungszeit von Karl Barths Römerbrief II（1920-1921）.* Edited by Katya Tolstaya. Zürich: Theologischer Verlag, 2015.

Tolstaya, Katya. *Kaleidoscope: F. M. Dostoevsky and Early Dialectical Theology.* Translated by Anthony Runia. Leiden/Boston: Brill, 2013.

Troeltsch, Ernst. *Die Soziallehren der christlichen Kirchen und Gruppen.* Tübingen: Mohr, 1912.

Tseng, Shao Kai. *Barth's Ontology of Sin and Grace: Variations on a Theme of Augustine.* London and New York: Routledge, 2019.

Voigt, Rüdiger, ed. *Handbuch Staat.* Wiesbaden: Springer VS, 2018.

Volf, Miroslav, and Michael Welker, eds. *God's Life in Trinity.* Minneapolis: Augsburg Fortress, 2006.

Weber, Max. *Wissenschaft als Beruf 1917/1919*; *Politik als Beruf 1919*. Studienausgabe der Max-Weber Gesamtausgabe. Band I/17. Edited by Wolfgang J. Mommsen, Wolfgang Schluchter and Birgit Morgenbrod. Tübingen: Mohr Siebeck, 1994.

Weber, Otto. *Karl Barths Kirchliche Dogmatik*: *Ein einführender Bericht*. 8. Aufl. Neukirchen-Vluyn: Neukirchener Verlag, 1977.

Wegenast, Klaus. "Die empirische Wendung in der Religionspädagogik." *Der evangelische Erzieher-Zeitschrift für Pädagogik und Theologie 20* (1968): 111–124.

Weiss, Johannes. *Die Predigt Jesu vom Reiche Gottes*. Edited by Ferdinand Hahn. 3. Aufl. Göttingen: Vandenhoeck & Ruprecht, 1964.

Welker, Michael. "Zukunftsaufgaben evangelischer Theologie: Nach 40 Jahren, Theologie der *Hoffnung von Jürgen Moltmann*." In *Hoffnung auf Gott-Zukunft des Lebens*: *40 Jahre "Theologie der Hoffnung"* . Edited by Jürgen Moltmann, Carmen Rivuzumwami and Thomas Schlag, 212–238. Gütersloh: Gütersloher, 2005.

Welker, Michael. *Gottes Offenbarung*: *Christologie*. Neukirchen-Vluyn: Neukirchener Verlagsgesellschaft, 2012.

Welker, Michael. "Gottes Gerechtigkeit." *Neue Zeitschrift für systematische Theologie und Religionsphilosophie 56*, no.4 (2014): 409–421.

Welker, Michael, and Miroslav Volf, eds. *Der lebendige Gott als Trinität*: *Jürgen Moltmann zum 80. Geburtstag*. Gütersloh: Gütersloher, 2006.

Witte, John. *The Reformation of Rights*: *Law, Religion and Human Rights in Early Modern Calvinism*. Cambridge: Cambridge University Press, 2008.

Wolff, Hans Walter. *Anthropologie des Alten Testaments*: *Mit zwei Anhängen neu herausgegeben von Bernd Janowski*. Gütersloher: Gütersloher Verlagshaus, 2010.

Žižek, Slavoj. *Living in the End Times*. London/New York: Verso, 2010.

后　记

　　读者手中的这本小书辑录了笔者的六篇习作，上编三章分析巴特，下编三章解读莫尔特曼。六章中的前五章曾分别发表于中国人民大学基督教文化研究所主办的《基督教文化学刊》、道风书社出版的《盼望伦理》（中译本导言）和中原大学主办的《汉语基督教学术论评》。莫尔特曼教授以九十四岁高龄为本书撰写序言，回顾并解说他与巴特之间的神学渊源和分歧点，为本书增添了一幅饶有兴味的思想山水。卓新平教授百忙之中拨冗赐序，分享研究心得，字字真诚谦逊，其提携之言笔者引为鞭策和鼓励。

　　本书并非意图构建特定诠释范式的专著，它是一本篇幅不大的论文集，汇集了笔者从不同视角对两位大师的些许管窥之见，偏重于神学观念史，如果说这其中显示出了某种诠释倾向，那可能就是对"后巴特"这个坊间常见概念的保留态度了。

　　上编第一章《论卡尔·巴特〈罗马书〉释义（第二版）》

的"神学百科全书性"》分析了早期"辩证神学"与十九世纪欧洲主流神学学科体系之间的张力,从"学科意识"这个角度重审了《〈罗马书〉释义(第二版)》对所谓"自由派神学"的颠覆,这个颠覆绝非凭空另起炉灶,而是一种内部颠覆。第二章《卡尔·巴特与汉娜·阿伦特论恶与约》对两个重要概念进行了并置,一个是巴特在其创造论中提出的"虚无者"这个概念,另一个是阿伦特在艾希曼审判基础上提出的"恶的肤浅"这个概念,透过并置两者,笔者试图揭示巴特和阿伦特在二战之后"人道"问题以及盟约观上的类同性。第三章《博士论文简介:面向终末的生命——卡尔·巴特与爱德华·图爱森早期著作中的陀思妥耶夫斯基(1915年至1923年)》简要梳理了笔者博士论文的基本结构,这篇博士论文的特点在于,它从"透视主义"这个独特角度对巴特的《〈罗马书〉释义(第二版)》进行了新的结构分析,并由此出发,修正了德语神学界在"辩证神学"终末论问题上偏重于"灾难理论"的论述传统。

下编第四章《莫尔特曼与北森嘉藏论"上帝之痛"》呈现了两者对"上帝之痛"的不同论述模式,揭示《上帝之痛的神学》和《被钉十字架的上帝》这两部经典在处理三一论、终末论和上帝主权上的方向性差异。第五章为《〈盼望伦理〉中译本导言》,它试图从莫尔特曼在《盼望神学》之后的神学发展脉络出发,勘定《盼望伦理》的思想价值。第六章《与莫尔特曼一起研究巴特》浓缩性地回顾了笔者的求学经历及莫尔特曼教授指导博士论文的方式,最后论述了巴特与莫尔特曼两代人在涉及"上帝主权"问题上的思想断层。

笔者在此特别感谢汉语基督教文化研究所出版部、中国人民大学《基督教文化学刊》编辑部和中原大学《汉语基督教学术论评》编辑部允准本书转载。

本书繁体版出版于2020年，上海三联书店的邱红女士将笔者略作精简修订后的简体版列入出版计划，并与陈泠珅先生一同对文稿进行了专业的编辑，在此一并致谢！

笔者以此小书纪念奶奶和客居德国时的老房东，铭记她们的坚定、宽容与人性之善。

洪亮

2023 年寒露于汉口

图书在版编目(CIP)数据

巴特与莫尔特曼管窥/洪亮著.—上海:上海三联书店,
2024.2
ISBN 978-7-5426-8014-3

Ⅰ.①巴…　Ⅱ.①洪…
Ⅲ.①巴特(Barth,Karl 1886-1968)-基督教-神学-思想评论-文集
②莫尔特曼-基督教-神学-思想评论-文集
Ⅳ.①B972-53

中国国家版本馆 CIP 数据核字(2023)第 044549 号

巴特与莫尔特曼管窥

著　　者／洪　亮

责任编辑／邱　红　陈泠珅
装帧设计／徐　徐
监　　制／姚　军
责任校对／王凌霄

出版发行／上海三联书店
　　　　　(200041)中国上海市静安区威海路 755 号 30 楼
邮　　箱／sdxsanlian@sina.com
联系电话／编辑部:021-22895517
　　　　　发行部:021-22895559
印　　刷／上海展强印刷有限公司

版　　次／2024 年 2 月第 1 版
印　　次／2024 年 2 月第 1 次印刷
开　　本／640 mm×960 mm　1/16
字　　数／174 千字
印　　张／12.25
书　　号／ISBN 978-7-5426-8014-3/B·821
定　　价／68.00 元

敬启读者,如发现本书有印装质量问题,请与印刷厂联系 021-66366565